재미있는 한국어 ③

Fun! Fun! Korean

고려대학교 한국어문화교육센터 지음

교보문고

Written by Korean Language & Culture Center,
　　　　　Institute of Foreign Language Studies, Korea University
Published by KYOBO Book Centre
Designed by Gabwoo
Illustrated by Soh, Yong Hoon

Text copyright© Korean Language & Culture Center,
　　　　　Institute of Foreign Language Studies, Korea University
All rights reserved: no part of this publication may be reproduced, stored in a retrieval system, or transmitted in any form or by any means, electronic, mechanical, photocopying, recording or otherwise, without the prior written permission of the publisher.

KYOBO Book Centre CO., Ltd
501-1 Munbal-ri Gyoha-eup
Paju-si, Gyeonggi-do, 413-756 Korea
Tel: 82-2-3156-3681
Fax: 82-502-987-5725
Http://www.kyobobook.co.kr

Fun! Fun! Korean

재미있는 한국어 ③

Preface 머리말

한국어는 사용 인구면에서 세계 10대 언어에 속하는 주요 언어로, 지금도 많은 사람들이 세계 곳곳에서 한국어를 배우고 있습니다. 이러한 한국어 학습 열기는 국제 사회에서 한국의 위상이 높아짐에 따라 앞으로 더욱 뜨거워질 것으로 전망합니다.

고려대학교 한국어문화교육센터는 설립 이래 25년간 다양한 학습자를 대상으로 한국어와 한국 문화를 교육해 왔으며, 체계적이고 효율적인 교수 방법으로 세계적으로 정평이 나 있습니다. 그리고 그동안 학습자에 따른 맞춤형 교육을 실시해 오면서 다양한 한국어 교재를 개발해 왔습니다.

이 교재는 한국어문화교육센터가 그동안 쌓아 온 연구와 교육의 성과를 바탕으로 개발한 것입니다. 이 교재의 가장 큰 특징은 한국어 구조에 대한 이해와 다양한 말하기 연습을 바탕으로 학습자 스스로 의사소통 활동을 할 수 있도록 구성했다는 점입니다. 이 교재를 통해 학습자는 다양한 의사소통 상황에서 성공적인 한국어 의사소통을 할 수 있는 능력을 기르게 될 것입니다.

이 교재가 나오기까지 참으로 많은 분들의 정성과 노력이 있었습니다. 무엇보다도 밤낮으로 고민하고 연구하면서 최고의 교재를 개발하느라 고생하신 저자들께 감사를 드립니다. 또한 고려대학교의 모든 한국어 선생님들께도 깊은 감사를 드립니다. 이분들의 교육과 연구에 대한 열정과 헌신적인 노력이 없었다면 이 교재의 개발은 불가능했을 것입니다. 이 선생님들의 교육 방법론과 강의안 하나하나가 이 교재를 개발하는 데 훌륭한 기초 자료가 되었습니다. 이 외에도 이 책이 보다 좋은 모습을 갖출 수 있도록 도와주신 번역자를 비롯해 편집자, 삽화가, 사진작가께 감사를 드립니다. 또한 한국어 교육에 관심과 애정을 가지고 이렇듯 훌륭한 교재를 출간해 주신 교보문고에도 큰 감사를 드립니다.

부디 이 책이 여러분의 한국어 학습에 큰 도움이 되기를 바라며, 한국어 교육의 발전에 새로운 이정표가 될 수 있기를 바랍니다.

2010년 2월
국제어학원장 **조규형**

Introductory Remarks 일러두기

Overview

『Fun! Fun! Korean 3』 is a text that was developed for the learners with a completion of 400 hours of introductory level so that the intermediate learners can have fun while studying Korean with ease. The text is composed of materials that focus on approaches to daily activities. This was made in order for the learners to familiarize themselves with the necessary themes and functions, especially to communicate one's thoughts effectively in real life situations. Additionally, the text does not teach by the structure or the concept of grammar and mere explanation of vocabulary but through various speaking activities and by having fun. Through these types of activities, the learners of Korean will be able to communicate their thoughts in real life naturally without even recognizing it themselves.

Goals

- Communicate when using the public facility or maintaining social relationships
- Understand and express on familiar social/abstract topics such as personality, public manners, days in Korea, jobs and incidents·accidents
- Learn about vocabulary and expressions related to emotions, thoughts, communal life, basic works or social phenomena and use them appropriately
- Learn the natural pronunciation in Korean and the different intonations in accordance with the meanings of the sentences, and understand the spoken speech accurately and express the speaker's thought effectively
- Understand complex contents based on one's daily life or social phenomena
- Learn how to explain, describe, compare and deliver hearsay and be able to read and write simple advertisements, notices and expository texts

Unit Structure

『Fun! Fun! Korean 3』 is made up of 15 units. The 15 units are composed of topics centering on the potential real life situations that students may experience while living in Korea. Each unit is composed as shown below.

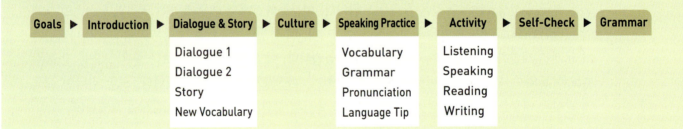

Goals

We have thoroughly described the overall lesson goals and contents (Topic, Function, Activity, Vocabulary, Grammar, Pronunciation, Culture) in the unit so that the students can get acquainted with the lesson goals and contents prior to the lesson.

Introduction
We have suggested a picture relating to the unit's topic including a few questions below. Through the picture and the questions, the students are able to think about the unit's topic beforehand and therefore, are able to prepare for their studies.

Dialogue & Story
This section will be used as a speech sample, in which the students will ultimately use after the completion of this unit. We have suggested 2 dialogues and 1 story. The students can confirm the lesson goals of the corresponding unit with further details through the example.

New Vocabulary
By explaining the new words or the meaning of the expressions that appear next to the example, we have made it easier for the students to understand the content of the dialogue and story.

Culture
This section introduces Korean culture that is related to the topic of each unit. With the comprehension of Korean culture as a basis, the students will gain a better understanding of Korean language and will be able to use the language more naturally. When it comes to introducing Korean culture, the contents has been constructed in ways of understanding Korean culture during the process of mutual functioning with the students as they comprehend other cultures as well, rather than just conveying Korean culture alone.

Speaking Practice
In this section the students practice and review vocabulary, grammar, etc. in order to perform and achieve the skills laid out in the topic of the corresponding unit. The practice questions are not in the form of ordinary drills but are in the form of speaking chances so that the students can familiarize the vocabulary and grammar orally.

Vocabulary
In addition to the vocabulary practice, we suggest a group of vocabulary categorized according to the meanings of the word (e.g., vocabulary for food/occupation).

Language Tip
In this section, we have included in depth of the usage of particular expression and its meaning in case further explanation is needed.

New Vocabulary
When a new word appears, we explain the meaning of the new words immediately at the time in order to make it easier for the students to study.

7

Pronunciation
The following unit presents pronunciations that must be familiarized with. In order for the students to acquire accurate pronunciation, the unit presents simple explanation of pronunciation methods and provides words and sentences that the students could practice with.

Activity
In this section, a real-life, communicative situation is re-enacted so the students can perform practical tasks of 〈Listening〉, 〈Speaking〉, 〈Reading〉 and 〈Writing〉 by using vocabulary and expressions learned in the Speaking Practice Stage. Each task is composed of pre-task, task and post-task stages so that the students can achieve a strategic communicative ability going through each stage.

Listening
This section is to help perform listening tasks. The task is composed of two tasks that are different in contents or functions. Also conversation and self-narration types of texts are evenly distributed so that the learners can encounter the various types of texts. Through a wide variety of listening activities, the learners will be able to understand Korean in real-life.

Speaking
This section is to help perform speaking tasks. It is constructed in regards to contents and situation that the students will likely encounter in real life. A variety of dialogues with different levels of formality are dealt with. Aside from dialogues, the students will also practice giving narrative talks including a presentation.

Reading
This section is to help perform reading tasks. The selected reading texts are the ones that the students will encounter in real life and will help the students to perform effective reading practices based on the comprehension of the contents and types of the text.

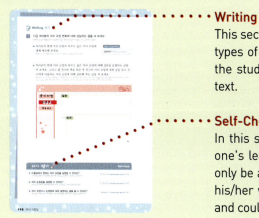

Writing
This section is to help perform writing tasks. The students will be asked to do types of writing that they will likely to encounter in real life, which will help the students to write effectively according to the types and subjects of the text.

Self-Check
In this section, a self check chart is provided in order to evaluate whether one's learning has been successfully accomplished or not. One would not only be able to check how much learning has been accomplished and check his/her weaknesses but one could also find the main function of each unit and could identify areas that he/she has to focus on.

Grammar
This section is to help the grammar comprehension of the students by presenting grammar descriptions from each unit along with exemplary sentences. This part, which deals with items related to class session, is organized and placed at the end of each unit making it easy for students to find when studying alone and could also play a role as a grammar dictionary. As a chance to practice the grammar, the last two among exemplary sentences are left with blanks for the learner to complete using the grammar they have learned.

Listening Transcript
In this section all the transcripts for listening activities are presented. By doing so, the learners can make use of listening transcripts when studying by themselves or practicing listening tasks.

Answers
This section provides exemplary answers to questions from listening and reading activities.

Glossary
This section lists all the vocabulary presented in the textbook in an alphabetical order with it meanings and the page number where its explanation is given.

Contents 차례

- 머리말 Preface — 5
- 일러두기 Introductory Remarks — 6
- 교재 구성 Syllabus — 12

- 제 1과 새로운 생활 New Living — 16
- 제 2과 요리 Cooking — 32
- 제 3과 소식 · 소문 News · Rumors — 50
- 제 4과 성격 Personality — 68
- 제 5과 생활 예절 Daily Etiquette — 84
- 제 6과 미용실 Beauty Salon — 100
- 제 7과 한국 생활 Living in Korea — 116
- 제 8과 분실물 Lost Item — 132
- 제 9과 연애 · 결혼 Dating · Marriage — 148

- 제10과 선물 Gifts 164
- 제11과 사건·사고 Incidents·Accidents 180
- 제12과 실수·후회 Mistakes·Regrets 198
- 제13과 직장 Workplace 214
- 제14과 여행 계획 Travel Planning 230
- 제15과 명절 Holidays 246

- 듣기 대본 Listening Transcript 264
- 정답 Answers 270
- 찾아보기 Glossary 272

Syllabus 교재 구성

단원	주제	기능	활동
1 새로운 생활	계획과 희망	• 새로운 생활에 대해 이야기하기 • 계획, 결심에 대해 묻고 답하기	• 듣기: 새 학기와 새해 계획에 대한 이야기 듣기 • 말하기: 새 학기의 계획에 대해 대화하기, 앞으로 1년간의 계획에 대해 설명하기 • 읽기: 장래 희망과 계획에 관한 글 읽기 • 쓰기: 새 학기의 계획에 대해 쓰기
2 요리	요리	• 음식의 재료 및 조리법 설명하기	• 듣기: 조리법 설명 듣기, 요리 방송 듣기 • 말하기: 조리법 설명하기, 음식 만들기 상의하기 • 읽기: 레시피 읽기 • 쓰기: 자기 나라의 음식을 소개하는 글 쓰기
3 소식·소문	소식과 소문	• 들은 이야기 전달하기 • 소문에 대해 이야기하기 • 소식 전하기	• 듣기: 소식 듣기, 소문 듣기 • 말하기: 소식 전하기, 소문 이야기하기 • 읽기: 자신에 대한 잘못된 소문에 대한 글 읽기 • 쓰기: 최근에 들은 소문에 대한 글 쓰기
4 성격	성격	• 성격 설명하기 • 성격의 장·단점 이야기하기	• 듣기: 성격에 대한 라디오 인터뷰 듣기, 성격의 장·단점 설명 듣기 • 말하기: 성격에 대해 묻고 답하기, 자신의 성격 이야기하기 • 읽기: 성격 테스트 읽기 • 쓰기: 자기 성격을 설명하는 글 쓰기
5 생활 예절	생활 예절	• 공공장소에서의 생활 예절 이야기하기 • 규칙에 대해 묻고 답하기	• 듣기: 한국인의 예절에 대한 내용 듣기, 공공장소 안내 방송 듣기 • 말하기: 예의 없는 행동에 대해 이야기하기, 나라마다 다른 생활 예절 이야기하기 • 읽기: 공공장소 예절 광고 읽기 • 쓰기: 자기 나라의 예절을 설명하는 글 쓰기
6 미용실	미용실	• 머리 모양 설명하기 • 어울리는 머리 모양 권유하기	• 듣기: 미용실에서의 대화 듣기, 머리 모양에 대한 상담 듣기 • 말하기: 머리 모양 권유하기, 머리 모양 설명하기 • 읽기: 얼굴형에 어울리는 머리 모양에 대한 글 읽기 • 쓰기: 어울리는 머리 모양에 대한 상담 글 쓰기
7 한국 생활	한국 생활	• 한국 생활의 느낌 말하기 • 이유 설명하기 • 경험 말하기	• 듣기: 한국 생활에 대한 이야기 듣기, 재미있는 한국어에 관한 경험 듣기 • 말하기: 한국 생활의 놀라운 점, 재미있는 점 이야기하기 • 읽기: 한국 생활 중 재미있는 경험 읽기 • 쓰기: 한국 생활에 대한 글 쓰기
8 분실물	분실과 습득	• 유실물센터에서 분실물 찾기 • 분실한 물건에 대해 설명하기	• 듣기: 잃어버린 물건 설명하는 대화 듣기, 분실물 신고 방송 듣기 • 말하기: 분실물에 대해 묻고 답하기, 잃어버린 경험 이야기하기 • 읽기: 분실을 찾는 공고문 읽기 • 쓰기: 분실을 찾는 공고문 쓰기

어휘	문법	발음	문화
• 계획 • 노력	• -에 대해서 • -기 위해서, -을/를 위해서 • -아/어/여도 • -기	'연'	세계인의 새해 결심
• 음식 재료 • 조리법 • 음식 이름 • 양념	• -(으)로 • -다가 • -아/어/여 놓다/두다	'-고', '-도', '-로'에서의 모음 상승	한국의 장 (된장, 고추장, 간장)
• 신상 변화 • 상대방의 말에 대한 반응	• 간접화법 (-다고 하다, -냐고 하다, -자고 하다, -(으)라고 하다)	'사'와 '시'	소문과 관련된 속담
• 성격	• -잖아요 • -지 못하다 • 아무 -(이)나 • -(으)ㄹ 정도	덩어리 표현의 억양	혈액형과 성격
• 공공 규칙 • 예의 없는 행동 • 예의 · 질서	• -게 하다 • - 줄 알다/모르다 • -다면서요 • -(으)ㄹ 텐데요	'- 줄 알다/모르다'의 억양	한국인에게 나이란
• 머리 모양 • 미용실 이용 • 머리 손질법 • 외모가 주는 인상	• -게 • -아/어/여 보이다 • -던데요 • ㅎ 불규칙	어두 자음의 경음화	한국인이 좋아하는 머리 모양
• 외국 생활 • 한국인의 특징	• -아/어/여서 그런지 • -나 보다, -(으)ㄴ가 보다 • -거든요 • -(으)ㄹ 겸	관형형 '-(으)ㄹ' 뒤 자음의 경음화	한국 사람이 다 됐다고 느낄 때
• 분실 · 습득 • 분실 경위 • 가방 종류 • 무늬 · 부속물 · 재질	• -만 하다 • -자마자 • -(이)라도	한자 복합어에서의 경음화	아이구! 지하철에 물건을 놓고 내렸네.

단원	주제	기능	활동
9 연애 · 결혼	연애와 결혼	• 연애와 결혼의 조건 이야기하기 • 연애 경험에 대해 이야기하기	• 듣기: 남자/여자 친구에 대한 설명 듣기, 배우자의 조건에 대한 견해 듣기 • 말하기: 남자/여자 친구에 대해 이야기하기, 배우자의 조건에 대해 이야기하기 • 읽기: 배우자 선택의 조건에 대한 설문 결과 읽기 • 쓰기: 배우자 선택의 조건에 대해 쓰기
10 선물	선물	• 선물 문화 설명하기 • 선물 문화 비교하기	• 듣기: 선물 문화에 대해 듣기, 잊지 못할 선물에 대한 라디오 사연 듣기 • 말하기: 선물 문화에 대해 설명하기, 기억에 남는 선물 이야기하기 • 읽기: 선물 문화 차이를 비교하는 글 읽기 • 쓰기: 선물 문화 차이를 비교하는 글 쓰기
11 사건 · 사고	사건과 사고	• 사건이나 사고가 일어난 원인 설명하기 • 사고의 결과 설명하기	• 듣기: 도둑이 든 사고에 대한 대화 듣기, 사고 뉴스 듣기 • 말하기: 사건이나 사고 경험 말하기 • 읽기: 사건 관련 신문기사 읽기 • 쓰기: 사건 · 사고 경험 쓰기
12 실수 · 후회	실수와 후회	• 실수 이야기하기 • 후회 이야기하기	• 듣기: 실수한 일에 대해 듣기, 후회에 대한 이야기 듣기 • 말하기: 실수한 경험 이야기하기, 후회하는 일에 대해 이야기하기 • 읽기: 실수에 대한 글 읽기 • 쓰기: 후회하는 일에 대한 글 쓰기
13 직장	직장	• 직장 선택의 기준 설명하기 • 직장 선택에 대해 충고하기	• 듣기: 직장 선택의 기준에 대해 듣기 • 말하기: 원하는 직장 설명하기, 직장 선택의 기준에 대한 설문 조사 발표하기 • 읽기: 직장 선택에 대한 신문기사 읽기 • 쓰기: 직장 선택의 기준에 대해 글 쓰기
14 여행 계획	여행 계획	• 여행 계획 세우기 • 여행 장소 추천하기	• 듣기: 여행 계획 세우는 대화 듣기, 여행사에 전화해서 예약하는 대화 듣기 • 말하기: 여행 계획 세우기, 여행지 추천하기 • 읽기: 여행 광고 읽기 • 쓰기: 여행지를 추천하는 글 쓰기
15 명절	명절	• 명절 인사하기 • 명절 풍습 설명하기	• 듣기: 명절 연휴에 한 일에 대한 대화 듣기, 명절 풍습에 대한 발표 듣기 • 말하기: 자기 나라의 명절 소개하기 • 읽기: '단오'에 대한 설명문 읽기 • 쓰기: 자기 나라의 명절을 소개하는 글 쓰기

어휘	문법	발음	문화
• 이성과의 만남 • 이성에 대한 호감 • 연애 • 결혼 • 연애와 결혼에 대한 후회 • 배우자 선택의 조건	• 만에 • -(으)ㄹ수록 • -던	받침 'ㄱ, ㄷ, ㅂ' 뒤 경음화	맞선
• 특별한 날	• -(으)려다가 • -지 알다/모르다 • -도록 하다	문장 중간의 구 억양	한국의 재미있는 선물 문화
• 사고 • 인명 피해 • 재산 피해	• -는 바람에 • -(으)로 인해서 • 피동 표현	한자어의 받침 'ㄹ' 뒤 경음화	태안의 기적
• 주의·부주의	• -느라고 • -(으)ㄹ 뻔하다 • -(으)ㄴ 채 • -(으)ㄹ걸 그랬다	'ㄴ' 첨가	'소 잃고 외양간 고친다'
• 직장 선택의 조건 • 근무 조건	• -다면 • -다 보니 • -지	초점이 있는 부분의 억양	한국 대학생의 달라진 직장 선택의 기준
• 여행의 종류 • 여행 상품의 특징 • 여행 경비 • 숙소	• -(으)ㄹ 만하다 • -대요, -내요, -재요, -(으)래요 • -는 대로	ㄴ-ㄹ	한국 지방의 특징
• 명절 • 풍습	• -더라 • -까지 • -는/(으)ㄴ데도 • -(이)나	ㄹ-ㄴ	한국의 명절 음식

제1과 새로운 생활
New Living

Goals
You will be able to discuss plans and expectations for the new semester and the New Year.

Topic	Plans and expectations
Function	Discussing new living
Activity	Listening : Listen to the discussion on plans and expectations for the new semester and the New Year
	Speaking : Talk about the plans for the new semester, Explain plans for the upcoming year
	Reading : Read a passage on future plans and expectations
	Writing : Write about plans for the new semester
Vocabulary	Plans, Efforts
Grammar	-에 대해서, -기 위해서, -을/를 위해서, -아/어/여도, -기
Pronunciation	연
Culture	Worldwide New Year's resolutions

제1과 새로운 생활 New Living

도입 Introduction

1. 지금은 언제입니까? 세 사람은 무엇에 대해서 이야기를 하고 있을까요?

2. 여러분은 올해 어떤 계획을 세웠어요? 또 어떤 결심을 했어요?

대화 & 이야기

1

선생님: 여러분, 이번 학기 계획을 세우셨어요?
오늘은 이번 학기의 계획에 대해서 이야기해 봅시다.
교 코: 저는 이번 학기에는 발음 연습을 많이 하려고 합니다.
말은 잘하는 편이지만 발음이 별로 좋지 않아서요.
마이클: 저는 이번 학기가 끝나면 미국으로 돌아갈 예정입니다.
그래서 이번 학기에는 한국 친구도 많이 만나고, 여기저기 여행도 많이 할 계획입니다.
왕치엔: 저는 한국에서 대학에 가기 위해서 한국어를 배우고 있습니다. 그래서 이번 학기부터는 대학 입학 준비를 조금씩 할 생각입니다.
선생님: 모두 좋은 계획들을 세우셨네요. 열심히 노력해서 계획한 일을 다 이루시기를 바라겠습니다.

> **New Vocabulary**
> 계획을 세우다 to make plan
> 이루다 to accomplish

2

김민수: 곧 새해가 되는데 무슨 계획을 세웠어?
린 다: 저는 특별한 계획은 없고요. 건강을 위해서 새해에는 운동을 좀 하려고 해요.
마사토: 저도 건강을 위해서 1월 1일부터 담배를 끊을 생각이에요. 사실은 올해도 끊으려고 했는데 못 끊었어요.
린 다: 왜 1월 1일부터 끊어요? 지금 당장 끊으세요.
김민수: 난 마사토가 1년 전에도 저 말을 하는 걸 들었어.
마사토: 뭘 그런 걸 기억하세요? 아무튼 이번에는 무슨 일이 있어도 담배를 꼭 끊을 거예요. 민수 형은 무슨 계획을 세우셨어요?
김민수: 나는 새해에 꼭 여자 친구를 사귈 거야. 여자 친구를 사귀는 것이 내 새해 목표야.

> **New Vocabulary**
> 곧 soon
> 새해 the New Year
> (담배를) 끊다
> to quit (smoking)
> 당장 immediately
> 기억하다 to remember
> 아무튼 anyway
> 목표 aim/goal

New Living 19

3

한국어를 공부한 지 6개월이 지났다. 나는 빨리 한국어 공부를 끝내고 한국 회사에 취직을 하고 싶다. 한국 회사에서 일하려면 한국어도 잘해야 하고 컴퓨터도 잘해야 한다. 그런데 내 한국어 실력은 중급 수준이다. 그래서 이번 학기에는 한국어 실력을 늘리기 위해 열심히 노력할 생각이다. 신문기사와 좋은 글을 많이 읽으면 도움이 될 것이다. 그리고 주말에는 학원에 가서 컴퓨터도 배울 생각이다.

나는 이 목표를 이루기 위해 다음의 세 가지를 꼭 할 것이다.
1. 하루에 30분씩 신문 읽기
2. 컴퓨터 배우기
3. 아무리 힘들어도 포기하지 않기

New Vocabulary
중급 intermediate level
수준 level
신문기사 newspaper article
포기하다 to give up

세계인의 새해 결심 Worldwide New Year's resolutions

● 여러분은 새해를 맞이할 때 특별한 계획을 세우거나 결심을 합니까? 다른 사람들은 어떨까요?
Do you make any special plans or decisions at the beginning of each new year? Do you think other people do the same?

● 다음은 세계인이 많이 하는 새해 결심에 대한 글입니다. 잘 읽고 보통 사람들은 어떤 결심을 많이 하는지 알아보세요.
The following is a passage about worldwide New Year's resolutions. Read carefully and try to understand what kinds of New Year's resolutions people make.

 The most common New Year's resolutions in the world are to get 'more exercise' and to improve the balance between work and family life. In many Asian societies, people who make New Year's resolutions seriously try to carry them out, while such promises to one's self have less significance in the West.
89% of Korean adults make New Year's resolutions. The top five most common are 'spend more time with the family', 'drink less', 'quit smoking', 'lose weight' and work on 'self-development'. When economic circumstances are bad, 'cut down on expenses' and 'pay off debts' are also added.
Korean people tend to renew their New Year's resolutions after New Year's Day and they first do this on Korean New Year's Day (based on the lunar calendar) and then again in March.

● 자신이나 여러분 나라 사람들의 새해 결심/계획에 대해 이야기해 보세요.
Share with the class some typical New Year's resolutions that you or people in your country make.

말하기 연습   Speaking Practice

1 <보기>와 같이 이야기해 보세요.

> 보기
> 새 학기의 계획 / 한국어 공부를 열심히 하다
>
> 가: 이 시간에는 새 학기의 계획에 대해서 이야기해 볼까요?
> 나: 저는 한국어 공부를 열심히 할 생각입니다.

• New Vocabulary
친구를 사귀다 to make a friend
부지런하다 to be diligent

❶ 새 학기의 계획 / 발음 공부를 열심히 하다
❷ 이번 학기의 계획 / 말하기 연습을 많이 하다
❸ 이번 학기의 계획 / 열심히 공부해서 장학금을 받다
❹ 새해 계획 / 한국 친구를 많이 사귀다
❺ 새해 계획 / 좀 더 부지런하게 살다
❻ 올해 계획 / 모든 일에 최선을 다하다

2 <보기>와 같이 이야기해 보세요.

> 보기
> 매일 아침 운동을 하다
>
> 가: 곧 새해가 되는데 무슨 계획을 세우셨어요?
> 나: 저는 매일 아침 운동을 하려고 해요.

• 계획 Plans
담배/술을 끊다 to quit smoking/drinking
담배/술을 줄이다 to reduce smoking/drinking
운전면허를 따다 to obtain a driver's license
자격증을 따다 to obtain a license
봉사 활동을 하다 to do volunteer works
돈을 벌다 to earn money
한국어 실력을 늘리다 to improve Korean language skills
취직 준비를 하다 to prepare for a job

❶ 한국 친구를 많이 사귀다
❷ 돈을 많이 벌다
❸ 담배를 끊다
❹ 여기저기 여행을 다니다
❺ 운전면허를 따다
❻ 봉사 활동을 많이 하다

New Living 21

3 〈보기〉와 같이 이야기해 보세요.

> **보기**
> 새 학기 /
> 한국에서 대학에
> 가다, 입학 준비를
> 조금씩 하다
>
> 가: 새 학기에 어떤 계획을 가지고 계세요?
> 나: 저는 한국에서 대학에 가기 위해서 입학 준비를 조금씩 할 생각입니다.

• New Vocabulary
부자 a rich person

❶ 새 학기 / 한국을 잘 알다, 여행을 많이 하다
❷ 새 학기 / 장학금을 받다, 열심히 공부하다
❸ 새해 / 한국 회사에 취직하다, 취직 준비를 하다
❹ 새해 / 건강해지다, 운동을 하다
❺ 올해 / 대학에 진학하다, 읽고 쓰는 연습을 많이 하다
❻ 올해 / 부자가 되다, 열심히 일하다

4 〈보기〉와 같이 이야기해 보세요.

> **보기**
> 건강, 열심히
> 운동을 하다
>
> 가: 새해에는 어떤 계획을 가지고 계세요?
> 나: 저는 건강을 위해서 열심히 운동을 할 계획입니다.

• New Vocabulary
시간을 내다 to make time
미래 future

❶ 가족, 시간을 많이 내다
❷ 어려운 사람, 봉사하다
❸ 회사, 열심히 일하다
❹ 취직, 외국어 공부를 열심히 하다
❺ 한국 유학, 한국어를 열심히 공부하다
❻ 미래, 열심히 노력하다

5 〈보기〉와 같이 이야기해 보세요.

> 보기
> 한국에서 취직을 하다 / 한국어를 잘하다
> 가: 한국에서 취직을 하고 싶어요.
> 나: 한국에서 취직을 하려면 한국어를 잘해야 해요.

● New Vocabulary

의대 medical school
생물학 biology
아껴 쓰다 to save

❶ 건강하게 살다 / 운동을 하다
❷ 장학금을 받다 / 성적이 아주 좋다
❸ 한국말을 잘하다 / 한국 친구를 많이 사귀다
❹ 의대에 가다 / 생물학을 잘하다
❺ 모델이 되다 / 키가 크다
❻ 부자가 되다 / 돈을 아껴 쓰다

● 발음 Pronunciation

연
When pronouncing 연, you need to pronounce ㅇ+ㅕ+ㄴ sequentially. Be careful not to pronounce [엔] or [욘].

이　　여　　연
연

▶ 연습해 보세요.
(1) 취직을 하려면 한국어를 연습하세요.
(2) 내년이 되면 비자를 연장해야 해요.
(3) 2000년에는 변화가 큰 편이었어요.

6 〈보기〉와 같이 이야기해 보세요.

> 보기
> 힘들다, 담배를 끊다
> 가: 저는 아무리 힘들어도 담배를 끊을 거예요.
> 나: 꼭 그렇게 되기를 바랄게요.

❶ 바쁘다, 매일 운동을 하다
❷ 일이 힘들다, 열심히 노력하다
❸ 대학 입학이 어렵다, 꼭 입학하다
❹ 시간이 없다, 가족들과 시간을 많이 보내다
❺ 돈이 없다, 기부를 하다
❻ 여러 번 실패하다, 포기하지 않다

● 노력 Efforts

노력하다 to make an effort
최선을 다하다 to do one's best
포기하다 to give up
성공하다 to succeed
실패하다 to fail

● New Vocabulary

시간을 보내다 to spend time
기부를 하다 to donate

7 〈보기〉와 같이 말하고 써 보세요.

> 보기
>  매일 운동하기

①

_____

②

_____

③

_____

④

_____

8 〈보기〉와 같이 자신의 새 학기 계획을 쓴 후 말해 보세요.

> 보기
> **열심히 공부해서 장학금 받기**
> 저는 이번 학기에 열심히 공부를 해서 꼭 장학금을 받을 거예요.

1) _____
2) _____
3) _____

9 아래의 사람이 되어 새 학기와 새해 계획에 대해 친구와 이야기해 보세요.

〈새 학기 계획〉

> **A** 목표: 장학금을 받는 것
> 방법: 예습, 복습을 열심히 한다.
> 　　　한국 친구와 자주 이야기한다.

> **B** 목표: 어휘 실력을 늘리는 것
> 방법: 책과 신문을 많이 읽는다.
> 　　　단어장을 이용해 단어를 외운다.

〈새해 계획〉

> **A** 목표: 한국어를 잘하는 것
> 방법: 한국 친구를 많이 사귄다.
> 　　　텔레비전을 많이 본다.

> **B** 목표: 건강해지는 것
> 방법: 매일 운동을 한다.
> 　　　규칙적인 생활을 한다.

● New Vocabulary

규칙적이다 to be regular
예습 preview
복습 review
어휘 vocabulary
단어장 wordbook
외우다 to memorize

활동   Activity

1 두 사람이 새 학기 계획에 대해 나누는 대화입니다. 잘 듣고 질문에 대답하세요.
Listen to the people talk about New Year's resolutions. Listen carefully and answer the questions.

1) 린다는 어떤 계획을 가지고 있어요?
What kind of plan does Linda have?

❶ 책을 많이 읽는다.　　❷ 가까운 곳을 여행한다.
❸ 한국 친구를 많이 사귄다.　　❹ 한국어 공부를 열심히 한다.

2) 마사토는 어떤 계획을 가지고 있어요?
What kind of plan does Masato have?

❶ 책을 많이 읽는다.　　❷ 공부를 열심히 한다.
❸ 아침 일찍 일어난다.　　❹ 저녁 늦게까지 열심히 일한다.

2 다음은 어떤 사람이 자신의 계획을 설명하는 이야기입니다. 잘 듣고 아래의 내용이 맞으면 O, 틀리면 X에 표시하세요.
Listen to the person explain his/her future plan. Listen carefully and mark the following statements as either O or X.

1) 이 사람은 한국 대학에 다니고 있다.　　O　X

2) 이 사람은 말하기와 읽기 연습을
많이 할 계획이다.　　O　X

3) 이 사람은 글을 빨리 읽는 연습을
할 계획이다.　　O　X

● New Vocabulary
잡지에 실리다 to be on a magazine
문학 작품 literary works

26 제1과 새로운 생활

Speaking_말하기

1 3명이 한 조가 되어 계획에 대해서 친구들과 이야기를 나눠 보세요.
Get into groups of 3 and discuss your future plans with your friends.

1) 이번 학기에 어떤 계획을 가지고 있어요?
   What kind of plans do you have for this semester?

2) 그것을 이루기 위해서 구체적으로 무엇을 할 예정입니까?
   What are you going to do in order to achieve the plans?

3) 계획을 세우면 잘 지키는 편입니까? 그렇지 않다면 그 이유는 무엇입니까?
   Do you easily carry out the plans as scheduled? If not, why?

4) 계획을 세우고 실천하지 못한 일이 있으면 이야기해 보세요.
   Have you ever failed to carry out something you had planned? If so, talk about it.

2 여러분은 앞으로 1년간 어떻게 살 계획을 가지고 있어요? 앞으로 1년간의 계획을 잘 정리해서 발표해 보세요.
What kind of plans do you have for the next one year? Think about the plans you have for the year and present it to the class.

- 먼저 어떻게 이야기할지 구상해 보세요.
  First think about how you are going to organize the speech.

  1) 가까운 미래, 혹은 장래의 희망이 무엇인지 밝히고, 왜 그 꿈을 가지고 있는지 생각해 보세요.
     What is your dream in the near future and why?

  2) 장래 희망을 위해 앞으로 1년간 어떻게 살아야 할지 생각해 보세요.
     What do you need to do for the next one year in order to achieve your dream?

  3) 1년간 구체적으로 해야 할 일을 밝히고, 자신의 의지를 보여 주는 말로 이야기를 마무리하세요.
     Present specific things you need to do for the next one year and show your strong will power before finishing the speech.

- 친구들에게 자신의 1년간 계획에 대해 이야기하세요.
  Discuss your plans for the next 1 year to your friends.

- 친구들에게 조언을 해 달라고 부탁하세요. 그리고 친구들에게도 도움이 될 만한 말을 해 주세요.
  Ask your friends to give you advice on your plans. Also, offer some advices that may be helpful to your friends.

Reading_읽기

1 다음은 한국어 말하기 대회에서 대상을 수상한 학생이 장래 희망에 대해 쓴 글입니다. 잘 읽고 질문에 답하세요.
The following speech won the Grand Prize at the Korean Language Speech Competition. It was written by a student about his/her dreams for the future. Read it carefully and answer the questions.

● 제목을 보고 어떤 내용이 들어 있을지 추측해 보세요.
First, read the title and guess the contents of the composition.

● 빠른 속도로 읽으면서 예상한 내용이 맞는지 확인해 보세요.
Read the speech quickly and see if your prediction is correct.

* 한국어 말하기 대회 대상 수상자 소감 *

수백 번의 연습이 대상의 기쁨 가져다 줘
통역가 되기 위해 한국 유학 계획 중

　아직 부족한 것이 많은 제가 말하기 대회에서 대상을 받게 되어서 무척 기쁩니다. 사실 이 대회에서 꼭 상을 받고 싶었습니다. 그래서 사전을 찾으면서 열심히 원고를 쓰고, 내용을 외우기 위해 수백 번 원고를 읽었습니다. 그리고 정확하게 발음하기 위해 한국 친구가 녹음해 준 테이프를 수백 번 듣고 따라했습니다.
　저는 앞으로 한국어 통역가가 되고 싶습니다. 통역가가 되려면 한국어를 더 정확하고 유창하게 하기 위해 노력을 많이 해야 합니다. 그래서 저는 내년 3월에 한국으로 유학을 가려고 계획하고 있습니다. 통역가가 되는 것이 아무리 어려워도 열심히 노력해서 반드시 훌륭한 통역가가 될 것입니다.

New Vocabulary

수상소감 award speech
대상 grand prize
기쁨 joy
가져다 주다 to bring over
부족하다 to be insufficient
상을 받다 to be awarded a prize
원고 draft
녹음하다 to record
유창하다 to be fluent
반드시 surely
훌륭하다 to be great

● 다시 한 번 읽으면서 다음 정보를 파악해 보세요.
Reread the passage and answer the following.

1) 이 사람은 말하기 대회에 나오기 위해 어떤 노력을 했어요?

2) 이 사람의 꿈은 무엇입니까?

3) 꿈을 이루기 위해 이 사람은 어떤 노력을 할 계획입니까?

✏️ Writing_쓰기

1 여러분이 최근에 세운 계획을 글로 써 보세요.
Write about your recent plans.

- 여러분은 지금 어떤 계획을 가지고 있어요? 그리고 그것을 이루는 데 어떤 노력이 필요한지 정리해 보세요.
What kind of plans do you have right now? What needs to be done in order to achieve your plans?

- 구상한 내용을 바탕으로 〈대화 & 이야기 **3**〉과 같이 자신의 계획을 설명하는 글을 쓰세요.
Based on it, write about your plans as in <Dialogue & Story 3>.

    1) 먼저 계획을 밝힌 후, 그것을 이루는 데 필요한 내용을 설명해 보세요.
    First present your plan and explain what needs to be done in order to achieve them.

    2) 글의 끝 부분에 구체적으로 무엇을 할지를 '-기'를 이용해서 정리해 보세요.
    At the end of your writing, write a to-do-list using '-기'.

- 계획서 작성이 끝나면 모든 계획을 대표할 수 있는 제목을 붙여 보세요.
When you are finished with your writing, put a proper title on it.

자기 평가 / Self-Check

- 새 학기나 새해의 계획에 대해 이야기할 수 있어요?   Excellent •—•—•—• Poor
Are you able to talk about the plans for the new semester or the New Year?

- 계획을 이루기 위해 할 일을 설명할 수 있어요?   Excellent •—•—•—• Poor
Are you able to explain what needs to be done in order to achieve those plans?

- 계획을 설명하는 글을 읽고 쓸 수 있어요?   Excellent •—•—•—• Poor
Are you able to read and write a composition explaining those plans?

문법 Grammar

1 −에 대해서

- -에 대해서 is attached to a noun, indicating 'about (something)'. In a formal setting, -서 is omitted and -에 대해 is used instead.

  오늘은 새해 계획에 대해서 이야기해 볼까요?
  나는 새해 계획에 대해 이야기하려고 한다.

  > **New Vocabulary**
  > 사건 incident

  (1) 가: 이번에는 무엇에 대해서 말할 거예요?
  　　나: 제 고향에 대해서 말할 거예요.
  (2) 가: 그림에 대해서 많이 아시네요.
  　　나: 제 전공이 미술이에요.
  (3) 가: 이번 사건에 대해 아는 것이 있으면 좀 말씀해 주세요.
  　　나: 저는 그 문제에 대해 아무 말도 하고 싶지 않습니다.
  (4) 가: 요즘 박물관에 자주 가시는 것 같아요.
  　　나: 네. _____.

2 −기 위해서, −을/를 위해서

- -기 위해서 is attached to a verb stem, indicating that the subject is doing something in order to achieve the action preceding -기 위해서. In a formal setting, -서 is omitted and -기 위해 is often used instead.

- -을/를 위해(서) is attached to a noun, indicating a 'for the sake of ~'.

  (1) 가: 한국어를 배우는 특별한 이유가 있습니까?
  　　나: 네. 한국 회사에 취직하기 위해서 한국어를 배웁니다.
  (2) 가: 웬일로 여기에 오셨어요?
  　　나: 이 회사에서 일하는 친구를 만나기 위해서 왔어요.
  (3) 가: 새해에 특별한 계획을 세우셨어요?
  　　나: 건강을 위해 매일 운동을 할 생각입니다.
  (4) 가: 항상 열심히 일하시네요.
  　　나: _____.

3 -아/어/여도

- -아/어/여도 is attached to a verb, an adjective or 'noun+이다', indicating the preceding action or situation cannot affect the fact followed by -아/어/여도. The meaning can be strengthened by using 아무리 together.

- This takes three forms depending on the final consonant.
    a. If the stem ends in ㅏ, ㅗ (except for 하다), -아도 is used.
    b. If the stem ends in vowels other than ㅏ, ㅗ, -어도 is used. -이어도 can be also used as -여도 or -이라도 but the latter one is more often used.
    c. If the last syllable of the stem is 하, -여도 is used but the contracted form 해도 is generally used.

(1) 가: 일이 많아서 쉴 틈이 없어요.
    나: 아무리 일이 많아도 좀 쉬면서 하세요.
(2) 가: 유학 생활이 힘들지요?
    나: 네, 좀 힘드네요. 그렇지만 아무리 힘들어도 포기하지 않을 거예요.
(3) 가: 대학생인데 할인이 안 됩니까?
    나: 네. 대학생이라도 일반 요금을 내야 합니다.
(4) 가: 한국어 듣기가 어려우면 여러 번 반복해서 들으세요.
    나: _____
       이해하기가 힘들어요.

• New Vocabulary
틈이 없다 to have no spare time
반복하다 to repeat

4 -기

- -기 is attached to a verb stem, indicating a rule or something that the subject needs to do. It is often used in a to-do-list type memo or public signs.

(1) 오늘 할 일: 수미에게 전화하기, 보고서 제출하기
(2) 이번 학기 계획: 단어 실력 늘리기, 한국 친구와 자주 이야기하기
(3) 올해 목표: 한국어능력시험 3급 합격하기, 매일 30분씩 운동하기
(4) 이번 학기 계획: _____

• New Vocabulary
제출하다 to submit

제2과 요리
Cooking

Goals

You will be able to make a list of ingredients and to explain how to make the dish.

Topic	Cooking
Function	Making a list of ingredients, Explaining a recipe
Activity	Listening : Understand a cooking recipe, Listen to a cooking show
	Speaking : Explain and describe a recipe, Have discussions on menu
	Reading : Read a recipe
	Writing : Write a passage about your country's authentic food
Vocabulary	Food ingredients, Recipe, Names of food, Spices
Grammar	-(으)로, -다가, -아/어/여 놓다/두다
Pronunciation	Vowel raising in -고, -도, -로
Culture	Korean 장(된장, 고추장, 간장)

제2과 요리 Cooking

도입 Introduction

1. 두 사람은 무슨 음식을 만들고 있을까요? 어떤 방법으로 요리를 할까요?

2. 여러분은 요리를 잘해요? 어떻게 만드는지 설명할 수 있어요?

대화 & 이야기　　　　　　　　　　　Dialogue & Story

1

은지: 사토 씨, 뭐 드실래요?
사토: 글쎄요. 여기 메뉴를 봐도 잘 모르겠어요. 은지 씨가 맛있는 걸로 추천 좀 해 주세요.
은지: 어디 볼까요? 음, 사토 씨가 생선을 좋아하니까 생선구이가 어때요?
사토: 생선은 알겠는데, 구이가 뭐예요?
은지: 생선구이는 생선을 불에 구운 것을 말해요.
사토: 아, 그렇군요. 요리하는 방법을 말하는 거네요. 그럼, 여기 계란찜은 계란을 찐 음식인 거죠?
은지: 그렇지요. 하하, 사토 씨는 하나를 가르쳐 주면 열을 아네요.

New Vocabulary

메뉴	menu
추천하다	to recommend
생선	fish
생선구이	grilled fish
구이	grilled
굽다	to grill/broil
계란찜	steamed egg
찌다	to steam

2

수미: 마야 씨, 배고프죠? 이제 다 됐으니까 빨리 와서 드세요.
마야: 와, 맛있겠다. 언제 이걸 다 만들었어요?
수미: 별로 시간 안 걸렸어요.
마야: 여기 잡채도 있네요. 저 이거 굉장히 좋아하는데……. 이거 어떻게 만들면 돼요? 좀 가르쳐 주세요.
수미: 먼저 당면을 삶아 놓고, 소고기, 당근, 양파, 버섯은 썰어서 볶아 놓으세요. 그리고 시금치는 살짝 데치면 되고요.
마야: 좀 복잡하네요.
수미: 아니에요. 이제 다 됐어요. 준비한 재료를 섞고 양념만 하면 돼요.
마야: 그래요? 생각보다 쉽네요. 그런데 양념은 뭘로 해요?
수미: 간장하고 참기름을 넣으면 돼요.
마야: 저도 집에 가서 한번 만들어 봐야겠어요.

New Vocabulary

잡채	a dish made of noodles, vegetables and sliced beef/pork
당면	vermicelli
당근	carrot
양파	onion
버섯	mushroom
썰다	to chop/slice
볶다	to stir-fry
시금치	spinach
데치다	to boil lightly
재료	ingredients
섞다	to mix
양념	spices/seasonings
참기름	sesame oil

Cooking 35

3

에디 씨, 안녕하세요. 현주예요. 에디 씨가 궁금해하는 김치볶음밥 만드는 법을 가르쳐 드릴게요.

김치볶음밥을 만들려면 밥하고 김치가 있어야 되겠지요? 이것 말고도 좋아하는 것을 넣으면 돼요. 저는 보통 김치, 양파, 당근, 김, 계란을 넣는데 햄이나 참치를 넣는 사람들도 있어요.

재료 준비가 끝났으면 시작해 볼까요? 먼저 프라이팬에 기름을 넣고 김치랑 여러 가지 야채를 넣고 볶아요. 야채를 볶다가 밥을 넣고 잘 섞어요. 그리고 여기에 계란, 김, 참기름을 넣고 다시 한 번 볶으면 돼요.

어때요? 어렵지 않지요? 한번 만들어 보세요.

New Vocabulary

김치볶음밥 Kimchi fried rice
햄 ham
참치 tuna
프라이팬 frying pan
기름 oil

한국의 장 Korean 장 (된장, 고추장, 간장)

- 된장을 어떻게 만드는지 알아요?
  Do you know how to make 된장?

- 된장 만드는 법을 알아봅시다.
  Let's learn how to make 된장.

Korean cuisine features many fermented foods. 된장 and 간장 (both are called 장) are the two defining flavors of Korean food that are fermented, as is the 김치. It takes a long time to properly ferment food, as revealed by the Korean proverb which stats "As for 장, the older the better". To make 된장, first boil the soy beans, then shape them into blocks and hang them in the air. As mold ferments on the surface of the blocks, they slowly become 메주, or soy bean malt. Making soy bean malt takes about 3 months. When the malt is ready, it is then washed, soaked in salt water and dried in the sun. After a couple of months, the soy bean malt can then be separated into 된장 and 간장. The 간장 is boiled over low heat for 2 hours and re-stored for 3 months. All in all, making 된장 takes 5 months; 간장 requires a total of 8 months. As the proverb above shows, however, the genuine flavor of 된장 can take much longer -about 2 years- to fully develop. Korean people are accustomed to waiting for a long time to taste something genuine. Modern Korean culture is often called '빨리빨리 culture,' but it also has relaxed side.

- 여러분 나라의 거의 모든 음식에 사용되는 특별한 재료가 있어요?
  Is there any special ingredient that is used in almost all of the dishes in your country?

말하기 연습 — Speaking Practice

1 〈보기〉와 같이 이야기해 보세요.

보기 **불고기**

가: 불고기는 뭘로 만들어요?
나: 불고기는 소고기로 만들어요.

- 육류 Meat
  - 소고기 beef
  - 돼지고기 pork
  - 닭고기 chicken
  - 양고기 mutton

① 된장

② 삼계탕

③ 떡

④ 칼국수

- 곡류 Grain
  - 쌀 rice
  - 콩 bean
  - 밀가루 flour
  - 팥 red bean

- New Vocabulary
  - 붕어빵
  fish-shaped bread filled with red bean

⑤ 김치찌개

⑥ 붕어빵

Cooking 37

2 〈보기〉와 같이 이야기해 보세요.

보기
가: 여기에 뭐가 들어갔어요?
나: 콩나물하고 양파가 들어갔어요.

● 채소 Vegetable

배추 Chinese cabbage
무 radish
호박 pumpkin/squash
오이 cucumber
감자 potato
고구마 sweet potato
당근 carrot
버섯 mushroom
양파 onion
파 scallion
고추 pepper
마늘 garlic
콩나물 bean sprouts
시금치 spinach

❶  ❷  ❸

❹  ❺  ❻

3 〈보기〉와 같이 이야기해 보세요.

보기
가: 지금 뭐 하고 있어요?
나: 계란을 삶고 있어요.

● New Vocabulary

만두 dumpling

● 조리법 1 Recipe 1

굽다 to grill/broil
볶다 to stir-fry
튀기다 to fry
찌다 to steam
삶다 to boil
끓이다 to boil
데치다 to boil lightly
조리다 to boil down
무치다 to mix
부치다 to fry

❶  ❷  ❸

❹  ❺  ❻

4 〈보기〉와 같이 이야기해 보세요.

보기
가: 이건 뭐예요?
나: 콩 조림이에요.

음식 이름 Names of food
구이 grilled
볶음 fried
무침 mixed
조림 boiled with seasoning
찜 steamed
튀김 fried

❶  ❷   ❸

❹  ❺   ❻ 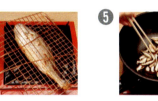...

❹

5 〈보기〉와 같이 이야기해 보세요.

보기
김치찌개 /
김치하고 돼지고기를 볶다, 물을 넣고 끓이다

가: 김치찌개는 어떻게 만들어요?
나: 먼저 김치하고 돼지고기를 볶다가 물을 넣고 끓이면 돼요.

New Vocabulary
두부 bean curd/tofu
양념하다 to season
고추장 hot pepper paste
미역 seaweed
간장 soy sauce
풀다 to stir

❶ 김치볶음밥 / 김치를 볶다, 밥을 넣고 볶다

❷ 된장찌개 /
된장하고 야채를 넣고 끓이다, 두부하고 파를 넣다

❸ 닭 볶음 /
닭고기를 양념해서 조리다, 양파하고 파를 넣다

❹ 떡볶이 /
물에 고추장을 넣고 끓이다, 떡하고 야채를 넣고 볶다

❺ 미역국 /
소고기하고 미역을 볶다, 물하고 간장을 넣고 끓이다

❻ 떡국 /
끓는 물에 떡을 넣고 끓이다, 계란을 풀어 넣다

6 〈보기〉와 같이 이야기해 보세요.

가: 양파는 어떻게 할까요?
나: 껍질을 까서 써세요.

● 조리법 2 Recipe 2

썰다 to chop/slice
자르다 to cut
껍질을 까다 to peel
깎다 to cut
다듬다 to trim
다지다 to mince
갈다 to grind
반죽하다 to knead

40 제2과 요리

7 〈보기〉와 같이 이야기해 보세요.

> 보기
> 소고기에 양념을 하다
> 가: 이제 뭘 할까요?
> 나: 소고기에 양념을 해 놓으세요.

New Vocabulary
뿌리다 to sprinkle
담그다 to soak
육수 (beef/chicken) stock

① 당면을 삶다
② 생선에 소금을 뿌리다
③ 두부를 부치다
④ 야채를 볶다
⑤ 콩을 물에 담그다
⑥ 육수를 끓이다

8 〈보기〉와 같이 이야기해 보세요.

> 보기
> 불고기 / 간장, 참기름, 후추
> 가: 불고기는 양념을 어떻게 해요?
> 나: 간장하고 참기름, 후추로 하면 돼요.

양념 Spices
간장 soy sauce
된장 soybean paste
고추장 hot pepper paste
고춧가루 grounded red pepper
소금 salt
설탕 sugar
참기름 sesame oil
식초 vinegar
후추 pepper

① 잡채 / 간장, 참기름
② 떡국 / 소금, 참기름
③ 콩 조림 / 간장, 설탕
④ 생선찌개 / 된장, 간장
⑤ 오이 무침 / 소금, 식초, 고춧가루
⑥ 떡볶이 / 고추장, 고춧가루, 설탕

9 다음 음식의 재료, 조리법, 양념에 대해 〈보기〉와 같이 묻고 대답해 보세요.

보기

가: 이건 뭘로 만들어요?
나: 떡하고 계란, 파로 만들어요.
가: 만드는 법 좀 가르쳐 주세요.
나: 먼저 떡을 씻어 놓으세요. 그리고 냄비에 소고기를 넣고 볶다가 물을 넣고 끓이세요. 물이 끓으면 떡하고 계란, 파를 넣고 다시 한 번 끓이면 돼요.
가: 양념은 어떻게 해요?
나: 간장, 마늘, 참기름을 넣으면 돼요.

❶  ❷

❸  ❹

발음 Pronunciation

Vowel raising in -고, -도, -로

고기하고 양파로
[고] [구] [류]
만들었어요. 두부도
[두]
들어갔고요.
[구]

Koreans tend to change [ㅗ] to [ㅜ] when pronouncing -고, -도 and -요. This happens more frequently when followed by -요.

▶ 연습해 보세요.
(1) 가: 이건 뭘로 만들었어요?
　　나: 파하고 계란으로 만들었어요.
(2) 가: 저는 고기도 좋아하고 생선도 좋아해요.
　　나: 저도요.
(3) 가: 뭐라고요?
　　나: 배고프다고요.

New Vocabulary

냄비 pot

| 활동 | Activity |

Listening_듣기

1 두 사람이 식당에서 메뉴를 보면서 나누는 대화입니다. 잘 듣고 아래의 내용이 맞으면 O, 틀리면 X에 표시하세요.
Listen to the people discuss what to order at a restaurant. Listen carefully and mark the following statements as either O or X.

1) 남자는 생선구이를 먹기로 했다.   O X
2) 아귀찜은 아귀와 콩나물로 만든다.   O X
3) 남자는 매운 음식을 먹고 싶어한다. O X

New Vocabulary
아귀 anger-fish
간을 하다 to add seasoning

2 다음은 요리 프로그램에서 '닭갈비' 만드는 법에 대해 소개하고 있는 내용입니다. 잘 듣고 닭갈비 만드는 순서를 알아보세요.
Listen to the TV cooking program that explains how to make 닭갈비. Listen carefully and learn how.

● 닭갈비를 먹어 본 적이 있어요?
  닭갈비의 재료가 무엇일까요? 양념은 어떻게 할까요?
  Have you tried 닭갈비? What are the ingredients?
  How can you season the chicken?

New Vocabulary
겨울 연가 Winter Sonata (Korean drama)
촬영지 filming location
대표적이다 to be representative
양념장 dipping sauce
세다 to be strong
완성되다 to be completed

● 닭갈비 만드는 법을 듣고 그림을 순서에 맞게 배열해 보세요.
  Listen carefully and arrange the pictures in order.

☐ → ☐ → ☐ → ☐ → ☐

Cooking 43

Speaking_말하기

1 여러분이 잘 만드는 요리를 소개해 보세요.
Introduce a dish you can cook well.

- 여러분이 잘 만드는 음식은 무엇입니까? 어떤 재료가 필요해요? 그리고 어떻게 만들어요? 메모해 보세요.
What kinds of dishes can you make well? How do you make them? What ingredients do you need?

- 옆 친구와 서로 잘 만드는 음식에 대해 묻고 대답해 보세요.
Talk with your classmates about the foods you can cook well.

- 친구가 알려 준 요리법을 다른 사람들에게 이야기해 주세요.
Share your friend's recipe with other people.

2 친구들과 맛있는 요리를 만들어 보세요.
Make a delicious food with your friends.

- 여러분의 집에 친구들이 놀러 올 것입니다. 점심을 준비하려고 냉장고를 열어 보니 다음과 같은 재료들이 있어요. 어떤 재료를 사용해 어떤 음식을 만들 수 있을까요? 옆 친구와 같이 이야기해 보세요.
Your friends are visiting your house. The following ingredients are prepared in the refrigerator. Using the given materials, what kinds of food can you make? Discuss it with your classmates.

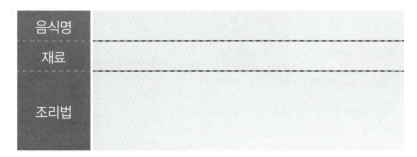

밀가루, 소고기, 양파, 파, 감자, 당근, 버섯,
배추, 무, 시금치, 두부, 간장, 고추장, 된장,
참기름, 고춧가루, 소금, 설탕, 식초

- 어떤 음식을 만들기로 했어요?
What kind of food are you going to make?

음식명	
재료	
조리법	

- 여러분이 만든 음식을 소개해 주세요.
Introduce your dish.

Reading_읽기

1 다음은 어떤 음식의 요리법을 소개한 글입니다. 잘 읽고 질문에 답하세요.
The following is a recipe of a certain dish. Read it carefully and answer the questions.

재료 밀가루 2컵, 파 50g, 당근 30g, 양파 30g, 계란 2개, 식용유, 소금

조리 방법
1. 큰 그릇에 밀가루 2컵, 물 1컵, 계란 2개, 소금을 조금 넣고 잘 반죽해 두세요.
2. 당근, 양파는 길게 썰어 놓으세요.
3. 파는 7cm 정도 길이로 써세요.
4. 썰어 둔 재료들을 밀가루 반죽에 넣고 잘 섞으세요.
5. 프라이팬에 기름을 넣고 기름이 뜨거워지면 반죽한 것을 얇게 펴서 부치세요. 한쪽 면이 익으면 잘 뒤집어 다른 쪽도 익히면 됩니다. 처음에는 센 불로 하다가 어느 정도 익으면 약한 불로 조리하세요.

New Vocabulary
식용유 cooking oil
뜨거워지다 to become hot
펴다 to spread
면 side
뒤집다 to flip over
익히다 to cook thoroughly
조리하다 to cook
타다 to burn

1) 위의 조리법은 어떤 음식의 조리법에 대한 것인지 고르세요.
Based on the recipe above, choose the correct picture.

2) 아래의 내용이 맞으면 O, 틀리면 X에 표시하세요.
Mark the following statements as either O or X.

(1) 이 음식에는 한 가지 양념만 들어간다. ☐O ☐X
(2) 이 음식을 만들 때 계란을 마지막에 넣어야 한다. ☐O ☐X
(3) 이 음식은 타기 쉬워서 약한 불로 요리해야 한다. ☐O ☐X

Writing_쓰기

1 여러분 나라의 음식을 소개하는 글을 써 보세요.
Describe a traditional dish from your culture.

● 여러분 나라의 음식 중에서 어떤 음식을 소개하고 싶어요? 그 음식은 어떻게 만들어요? 메모해 보세요.
Which dish do you want to introduce? How do you make it?

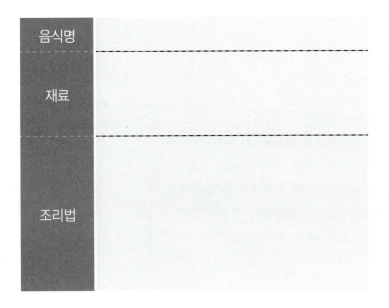

● 위의 메모를 보고 친구에게 그 음식을 만드는 법을 설명하는 글을 써 보세요.
Based on the note above, write a composition explaining how to make the dish.

● 발표해 보세요.
Make a presentation.

자기 평가 / Self-Check

● 음식의 재료를 설명할 수 있어요?
Are you able to make a list of all the ingredients in your dish?
Excellent ●—●—●—● Poor

● 음식을 만드는 방법을 설명할 수 있어요?
Are you able to explain how to make the dish?
Excellent ●—●—●—● Poor

● 요리법을 설명한 글을 읽고 쓸 수 있어요?
Are you able to read and write a recipe?
Excellent ●—●—●—● Poor

문법

1 −(으)로

- -(으)로 is attached to a noun, indicating ingredients/materials to do something.
- This takes two forms.
    a. If the noun ends in a vowel or ㄹ, -로 is used.
    b. If the noun ends in a consonant (except for ㄹ), -으로 is used.

(1) 가 : 불고기는 소고기로 만들어요?
    나 : 네, 맞아요.
(2) 가 : 미역국은 무엇으로 간을 해요?
    나 : 보통 간장으로 간을 해요.
(3) 가 : 이건 뭘로 만든 거예요?
    나 : 쌀로 만든 거예요.
(4) 가 : 이 국은 뭘로 만든 거예요?
    나 : _____.

2 −다가

- -다가 is attached to a verb stem, indicating that something else comes up in the middle of an ongoing situation.
- The subjects of the preceding and the following clause should be identical.

(1) 가 : 이건 어떻게 만들어요?
    나 : 고기를 볶다가 채소를 넣고 조금 더 볶으세요.
(2) 가 : 교보문고가 어디예요?
    나 : 이 길을 따라 쭉 걷다가 사거리에서 오른쪽으로 가세요.
(3) 가 : 김밥을 언제 샀어요?
    나 : 아침에 학교에 오다가 샀어요.
(4) 가 : 파를 처음부터 넣을까요?
    나 : 아니요, _____.

3 -아/어/여 놓다/두다

- -아/어/여 놓다/두다 is attached to a verb stem with an object, indicating that the situation is maintained after a certain action. Originally, -아/어/여 놓다 means the situation is maintained after the change and -아/어/여 두다 means the maintenance of the current situation, but two usages are not distinguished in today.

  우리 강아지를 살려 놓으세요. (강아지를 죽게 만든 사람에게)
  우리 강아지를 그냥 살려 두세요. (강아지를 죽이려고 하는 사람에게)

- This takes three forms.

  a. If the stem ends in ㅏ or ㅗ(except for 하다), -아 놓다/두다 is used.
  b. If the stem ends in a vowel except for ㅏ or ㅗ, -어 놓다/두다 is used.
  c. If ends in 하다 verbs or adjectives, -여 놓다/두다 is used, but generally -해 놓다/두다 is more often used instead of -하여 놓다/두다.

(1) 가 : 뭐부터 할까요?
    나 : 거기에 있는 채소 좀 씻어 놓으세요.
(2) 가 : 고기하고 채소를 같이 넣고 끓이면 되지요?
    나 : 아니요. 고기를 먼저 삶아 놓아야 돼요.
(3) 가 : 먼저 뭐부터 해야 돼요?
    나 : 채소를 씻어서 썰어 두세요.
(4) 가 : 두부를 썰까요?
    나 : 아니요. 밀가루 반죽부터 먼저 해 두세요.
(5) 가 : 김치를 어떻게 만들어요?
    나 : 먼저 _____.
(6) 가 : 방이 좀 덥네요.
    나 : 그럼, _____.

MEMO

제3과 소식 · 소문
News · Rumors

Goals
You will be able to deliver news and rumors you heard from someone else using indirect speech.

Topic	News and rumors
Function	Delivering what you heard from someone else, Talking about a rumor, Reporting hearsay
Activity	Listening : Listen to news, Listen to hearsay
	Speaking : Report about news, Talk about a rumor
	Reading : Read a passage on a rumor about someone which is not true
	Writing : Write a passage about the latest hearsay
Vocabulary	Changes of one's circumstances, Your reaction to others
Grammar	Indirect speech (-다고 하다, -냐고 하다, -자고 하다, -(으)라고 하다)
Pronunciation	사 and 시
Culture	Proverbs related to rumors

제3과 소식·소문 News·Rumors

도입 Introduction

1. 이 사람들은 무엇을 하고 있어요? 이 사람들은 어떤 이야기를 하고 있을까요?

2. 들은 이야기를 다른 사람에게 전할 때 어떤 표현을 사용해서 이야기해요?

대화 & 이야기 Dialogue & Story

1

마이클: 왕몽 씨가 요즘 왜 학교에 안 오는지 알아요?
케이코: 소식 못 들었어요? 왕몽 씨가 농구하다가 다쳐서 입원했어요.
마이클: 정말이에요? 얼마나 다쳤는데요?
케이코: 많이 다치지는 않았다고 들었어요.
마이클: 병문안 가야 되는 거 아니에요?
케이코: 그렇지 않아도 영진 씨가 오늘 오후에 병문안 가자고 했어요.
마이클: 그럼 그때 저도 같이 가요.
케이코: 네. 약속 시간 정해서 알려 줄게요.

New Vocabulary

입원하다 to be hospitalized
병문안 a visit to a sick person
그렇지 않아도 going to
정하다 to decide

2

영　진: 제니 씨가 이번 학기가 끝나면 미국으로 돌아간다고 하는 이야기 들었어요?
이사벨: 그럴 리가요. 지난주에 만났을 때도 그런 이야기가 없었는데요.
영　진: 아까 수미 씨가 그러던데요.
이사벨: 왜 그런 말이 나왔는지 모르겠지만 사실이 아닐 거예요. 제니 씨가 다음 학기에도 여기에서 공부할 거라고 했어요.
영　진: 그래요? 이상하네요. 비행기 표도 예약했다고 했는데…….
이사벨: 아, 그거요? 제 생각에는 제니 씨가 방학 동안 여행을 가려고 비행기 표를 산 걸 사람들이 오해한 것 같아요.
영　진: 아, 그렇구나. 어쨌든 아니라고 하니까 다행이네요.
이사벨: 하하, 혹시 영진 씨가 제니 씨를 좋아하는 거 아니에요?

New Vocabulary

사실 truth
비행기 표 flight ticket
예약하다 to make a reservation
어쨌든 anyway

3

얼마 전에 한 할머니가 김밥 장사로 모은 돈 삼 천만 원을 대학교에 기부했다고 하는 따뜻한 소식을 들었다. 할머니도 어렵게 살고 계시지만 가정 형편이 어려워 대학교에 다니지 못하는 학생들을 위해서 힘들게 모은 돈을 기부한 것이다. 할머니는 자신이 다른 사람을 도울 수 있어서 무척 기쁘다고 했다.

나도 예전부터 기부에 대해 관심이 있었지만 남을 돕는 일은 부자들만 할 수 있는 일이라고 생각했다. 그렇지만 할머니 이야기를 들은 후에 대단한 부자가 아니어도 다른 사람을 도울 수 있다는 것을 알게 되었다.

> **New Vocabulary**
>
> 장사 small business
> 모으다 to gather
> 가정 형편 family situation
> 예전 before a while ago
> 남 others
> 대단하다 to be impressive

 **소문과 관련된 속담** Proverbs related to rumors

- 여러분은 다음 속담을 들어 본 적이 있어요? 다음 속담의 의미를 추측해 보세요.
  Have you heard the following proverbs? Try to guess their meanings.

  발 없는 말이 천 리 간다. *A word without feet goes a thousand miles.*
  아니 땐 굴뚝에 연기 나랴? *The chimney does not smoke without fire.*

- 다음은 위 속담에 대한 설명입니다. 이 속담들이 언제 사용되면 좋을지 생각해 보세요.
  The following passage is an explanation of these two proverbs. As you read, think about their usages.

   In 발 없는 말이 천 리 간다.(A word without feet goes a thousand miles,) 말 has two different meanings, 말 (horse) and 말(talk). This expresses the speediness of news or rumors. This proverb means that rumors always spread much more quickly than we expect.
  아니 땐 굴뚝에 연기 나랴?(The chimney does not smoke without fire) means that the majority of rumors are not completely unfounded, but instead are based on some elements of truth.

- 여러분 나라에도 이런 속담이 있으면 이야기해 보세요.
  Do you have these kinds of proverbs in your country? Discuss it with your the class.

말하기 연습

Speaking Practice

1 〈보기〉와 같이 이야기해 보세요.

> 보기
> 다음 달에
> 결혼하다
>
> 가: 영진 씨 소식 알아요?
> 나: 다음 달에 결혼한다고 해요.

① 많이 아프다
② 한국어를 배우고 있다
③ 회사에 취직했다
④ 복학하다
⑤ 군대에 가다
⑥ 휴학 중이다
⑦ 다쳐서 병원에 입원했다
⑧ 대학원에 입학했다

신상 변화
Changes of circumstances

결혼하다 to get married
이혼하다 to get divorced
입학하다
to be admitted to a school
졸업하다 to graduate
입원하다 to be hospitalized
퇴원하다
to be discharged from the hospital
군대에 가다 to join in the army
제대하다
to be discharged from military service
휴학하다
to make a leave of absence
복학하다
to be reinstated at school

2 〈보기〉와 같이 이야기해 보세요.

> 보기
> 제니 씨하고 사귀
> 다 / 정말요?
>
> 가: 수미 씨가 그러는데 영진 씨가
>   제니 씨하고 사귄다고 해요.
> 나: 정말요?

① 요즘 바쁘다 / 그렇구나.
② 군대에 가다 / 말도 안 돼요.
③ 엄청난 부자다 / 진짜요?
④ 아이가 있다 / 그럴 리가.
⑤ 친구들에게 인기가 많다 / 어쩐지.
⑥ 운영 씨를 좋아하다 / 설마.
⑦ 여자 친구하고 헤어졌다 / 그럴 리가요.
⑧ 예전에 선생님이었다 / 정말?

상대방의 말에 대한 반응
Your reaction to others

정말요? Really?
진짜요? Really?
설마요. No kidding.
말도 안 돼요.
It doesn't make sense.
그렇군요. I see.
그럴 리가요. No way.
어쩐지. No wonder.
누가 그래요? Who told you so?
웃기고 있네.
Don't be ridiculous.

Language tip

In case of monologue, casual speech (반말) can be used. For example 설마요 and 그렇군요 change to 설마 and 그렇구나.

New Vocabulary

엄청나다
to be immense (in degree or intensity)

3 〈보기〉와 같이 이야기해 보세요.

> 보기
> 언제 결혼하다 /
> 다음 달에 결혼하다
>
> 가: 영진 씨한테 언제 결혼하냐고 물어봤어요?
> 나: 네. 다음 달에 결혼한다고 해요.

- New Vocabulary

별일 아니다
to be not a big deal

- Language tip

In case of interrogative sentence, theoretically 'verb stem + 느냐고' form and 'adjective stem + (으)냐고' form are accepted. However Korean people generally use 'verb/adjective stem + 냐고' form.

동　사: 어디 가느냐고 물었어요. → 어디 가냐고 물었어요.
형용사: 돈이 많으냐고 물었어요. → 돈이 많냐고 물었어요.

❶ 무슨 일이 있다 / 좀 아프다
❷ 언제 군대에 가다 / 다음 달에 가다
❸ 방학에 뭐 할 것이다 / 고향에 돌아갈 것이다
❹ 괜찮다 / 거의 나았다
❺ 정말 여자 친구하고 헤어졌다 / 헤어졌다
❻ 그 소문이 사실이다 / 사실이다
❼ 지난 휴가 때 뭐 했다 / 여행을 다녀왔다
❽ 정말 교통사고가 났다 / 별일 아니다

4 〈보기〉와 같이 이야기해 보세요.

> 보기
> 같이 여행을 가다 / 같이 가다
>
> 가: 수미 씨가 같이 여행을 가자고 하는데 어떻게 할까요?
> 나: 같이 가자고 하세요.

❶ 제주도에 가다 / 그러다
❷ 내일 같이 저녁 먹다 /
　내일은 좀 바쁘니까 다음에 먹다
❸ 비도 오는데 집에서 쉬다 /
　집에 있으면 심심하니까 영화를 보다
❹ 지금 얘기를 하다 /
　지금은 좀 바쁘니까 다음에 이야기하다

5 〈보기〉와 같이 이야기해 보세요.

> 보기
> 아프다 /
> 내일 오다
>
> 가 : 미라가 아프다고 해요.
> 나 : 그럼 내일 오라고 하세요.

❶ 감기에 걸렸다 / 빨리 병원에 가다
❷ 내일 한국으로 돌아오다 / 나한테 연락하다
❸ 모르는 것이 많다 / 선생님한테 물어보다
❹ 영수 씨를 만나고 싶다 / 내일 오후에 오다
❺ 지금 약속이 있어서 나가다 / 일찍 들어오다
❻ 많이 아프다 / 회사에 가지 말다

6 〈보기 1〉이나 〈보기 2〉와 같이 이야기해 보세요.

> 보기 1
> "마이코 씨, 우유 좀 사다 주세요."
>
> 가 : 수미가 뭐라고 했어요?
> 나 : 수미가 나한테 우유 좀 사다 달라고 했어요.

> 보기 2
> "미라 씨한테 소식을 전해 주세요."
>
> 가 : 수미가 뭐라고 했어요?
> 나 : 수미가 미라한테 소식을 전해 주라고 했어요.

Language tip

If the uttered content is related to the speaker's request, 달라고 하다 is used. If the request for someone else is uttered, 주라고 하다 should be used.

영진 씨가 나한테 좀 도와 달라고 했어요.
영진 씨가 나한테 수미 씨를 좀 도와주라고 했어요.

❶ "일찍 와 주세요."
❷ "미라한테 선물을 갖다 주세요."
❸ "내일 오후에 전화해 주세요."
❹ "영진이를 도와주세요."

7 〈보기 1〉과 〈보기 2〉와 같이 이야기해 보세요.

> 보기 1
> "우리 집에 놀러 오세요."
> 가: 수미가 뭐라고 했어요?
> 나: 자기 집에 놀러 오라고 했어요.

> 보기 2
> "우리 집에 놀러 오세요."
> 가: 수미한테 뭐라고 했어요?
> 나: 우리 집에 놀러 오라고 했어요.

Language tip

When the direct speech is transformed into the indirect speech, 나, 저, 우리 that indicate the third person should be transformed into 자기.
나: "이건 내 거야." → 이건 내 거라고 했어요.
수미: "이건 내 거야." → 수미가 이건 자기 거라고 했어요.

❶ "우리 형은 지금 미국에 있어요."
❷ "우리 집에서 같이 공부합시다."
❸ "우리 가족은 다 키가 커요."
❹ "우리 학교에 와 봤어요?"

8 〈보기〉와 같이 이야기해 보세요.

> 보기
> "다음 주에 고향에 가요."
> 수미: 영진 씨가 고향에 언제 간다고 해요?
> 제니: 내가 언제 가냐고 물어 봤는데 다음 주에 간다고 해요.

❶ "결혼식을 부산에서 해요."
❷ "군대에 가야 해서 휴학해요."
❸ "다음 학기에 복학해요."
❹ "졸업하면 고향에 돌아갈 거예요."

9 〈보기〉와 같이 여러분 친구의 소식을 다른 친구에게 알려 주세요.

보기	
영진 씨가 교통사고가 나서 입원했다	가: 영진 씨 소식 들었어요? 나: 무슨 일 있어요? 가: 영진 씨가 교통사고가 나서 입원했다고 해요. 나: 정말요? 가: 네. 그래서 수미 씨가 같이 병원에 가자고 했어요. 나: 그럼, 저도 같이 가자고 이야기해 주세요.

❶ 야오밍 씨가 다음 달에 결혼을 한다.

❷ 마리 씨가 얼마 전에 취직을 했다.

❸ 이나가와 씨가 여자 친구와 헤어졌다.

발음 Pronunciation

사 and 시

When ㅅ and ㅆ are followed by a vowel ㅣ (시, 씨), you have to move your tongue backwards compared with pronunciations of 사, 서, 소, 수, 스.

　　사　　　　시

▶ 연습해 보세요.

(1) 가: 영진 씨 소식 들었어요?
　　나: 무슨 소식이요?
(2) 가: 사고가 몇 시에 났어요?
　　나: 두 시에 났어요.
(3) 가: 수미 씨가 예뻐졌네요.
　　나: 사랑을 시작했거든요.

활동   Activity

1 다음은 친구에 대한 소식을 이야기하는 대화입니다. 잘 듣고 아래의 내용이 맞으면 O, 틀리면 X에 표시하세요.
Listen to the people talk about another friend's latest news. Listen carefully and mark the following statements as either O or X.

1) 여자는 윤아의 소식을 오늘 처음 들었다.   O   X
2) 윤아는 얼마 전에 대학원에 입학했다.   O   X
3) 윤아는 다니던 직장을 마음에 들어하지 않는다.   O   X

New Vocabulary

그만두다 to quit
통 hardly ever
소식이 없다 to hear no news from someone
놀라다 to be surprised
놀랍다 to be surprising

2 다음은 어떤 사람이 들은 소문에 대해 이야기하는 대화입니다. 잘 듣고 아래의 내용이 맞으면 O, 틀리면 X에 표시하세요.
Listen to the people discussing about a rumor heard from another person. Listen carefully and mark the following statements as either O or X.

1) 여자가 이야기하는 소문은 확실하지 않다.   O   X
2) 남자도 그 소문이 사실이라고 생각한다.   O   X
3) 김소라 씨와 박영진 씨는 요즘 그 소문 때문에 화가 났다.   O   X

New Vocabulary

다정하다 to be warm-hearted
당황하다 to be embarrassed
빨개지다 to be flushed
확실하다 to be certain (about something)

🎤 Speaking_말하기

1 학교 친구나 선생님에 대해 최근에 들은 소식이 있어요? 3명이 한 조가 되어 이야기해 보세요.
Did you hear any news about your classmate or teacher recently? Get into groups of 3 and share the story together.

- 누구한테 무슨 소식을 들었는지 메모해 보세요.
  Take notes after hearing each piece of news.

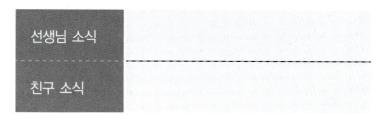

선생님 소식	
친구 소식	

- 메모한 것을 보고 친구들과 이야기해 보세요.
  Based on your notes, discuss the recent news with your friends.

2 여러분은 전에 주변 사람이나 고려대학교, 한국에 대해서 들은 소문이 있었어요? 여러분이 들은 소문에 대해 이야기해 보세요.
Have you heard of any rumors about any of your acquaintances, Korea University or Korea? Discuss the rumors you heard.

- 자신이 들은 소문에 대해 메모해 보세요.
  Take notes about the rumors you heard.

  1) 누구/무엇에 대한 소문이었어요?

  2) 어떤 소문이었어요?

  3) 그 소문은 사실이었어요?

- 메모한 내용을 바탕으로 자신이 들은 소문에 대해 발표해 보세요.
  Based on your notes, discuss the rumor that you have heard before.

News·Rumors **61**

Reading_읽기

1 다음은 어떤 사람이 소문에 대한 생각을 쓴 글입니다. 잘 읽고 질문에 답하세요.
The following is a composition about his/her personal opinion on rumors. Read it carefully and answer the questions.

● 다음 글을 크게 세 부분으로 나눈다면 어떻게 나눌 수 있을까요?
How would you divide the following passage into three paragraphs?

> 사람들은 다른 사람들의 이야기를 하는 것을 좋아하는 것 같다. 그래서 작은 일이 큰일처럼 소문이 나기도 한다. 얼마 전에 나는 친구들을 만나러 가는 도중에 작은 접촉 사고로 모임에 못 간 적이 있다. 큰 사고는 아니었지만 사고 처리를 해야 해서 모임에 갈 수 없었다. 그래서 한 친구에게 사고가 나서 모임에 못 간다고 연락을 했다. 그런데 그날 저녁에 친구들에게 문자 메시지와 전화가 자꾸 왔다. 모임에서 만나기로 했던 친구들은 얼마나 많이 다쳤냐고 묻고 병문안 가려고 하니까 병원을 알려 달라고 했다. 그리고 다른 친구들도 소식을 들었다고 전화를 했다. 그냥 작은 접촉 사고가 나서 모임에 못 간 것인데 어떻게 그런 소문이 났는지 좀 황당했다. 별것 아닌 일이 ㉠눈덩이처럼 불어난다는 것이 어떤 것인지 실감할 수 있었다. 그리고 나도 다른 사람의 소식을 전할 때 함부로 이야기하면 안 되겠다는 생각을 했다. 앞으로 다른 사람에 대해 이야기를 할 때는 좀 더 신중해져야겠다.

New Vocabulary

도중 one's way to
접촉 사고 minor collision
황당하다 to be nonsensical
눈덩이 snowball
실감나다 to make a person feel as if it were real
소식을 전하다 to deliver news
함부로 recklessly
신중하다 to be cautious

● 다음 질문에 답하세요.
Answer the following questions.

1) 어떤 소문에 대한 이야기입니까?
What kind of rumor is it?

2) 밑줄 친 ㉠의 의미를 이야기해 보세요.
Discuss the meaning of underlined ㉠.

● 여러분도 이런 경험을 한 적이 있어요? 이야기해 보세요.
Have you experienced a similar event? Discuss it with the class.

📝 Writing_쓰기

1 여러분이 최근에 들은 소문에 대해 써 보세요.
Write about a rumor you heard recently.

- 여러분이 들은 소문 중에 사실이 아니었던 소문이 있었어요? 메모해 보세요.
  Is there any rumor that turned out to be not true? Take notes.

어떤 소문을 들었어요?	
그 소문을 듣고 사람들이 뭐라고 이야기했어요?	
왜 그런 소문이 났어요?	

- 메모한 내용을 바탕으로 다음 문장에 이어 자신이 경험한 소문에 대해 써 보세요.
  Based on your notes, complete the paragraph about a rumor you experienced.

'아니 땐 굴뚝에 연기 나랴?' 라는 속담이 있는데 가끔은 아니 땐 굴뚝에 연기 나는 일도 있는 것 같다.

자기 평가 ✏️ Self-Check

- 소식을 묻고 답할 수 있어요?
  Are you able to ask and reply to the recent news?
  Excellent ●━●━●━●━● Poor

- 들은 소문을 전달할 수 있어요?
  Are you able to deliver the rumors you heard?
  Excellent ●━●━●━●━● Poor

- 소식이나 소문과 관련된 글을 읽고 쓸 수 있어요?
  Are you able to read and write about news or rumors?
  Excellent ●━●━●━●━● Poor

문법 Grammar

♣ 간접화법(Indirect speech)

- When delivering words to another person, following expression in the quotation is used.
  수미가 "피곤해요."라고 해요.
  수미가 피곤하다고 해요.

- Depending on the type of speech, -다고 하다, -냐고 하다, -자고 하다, -(으)라고 하다 forms are used.

- -다고 해요 is used when simply delivering the content of the another person's speech and -다고 했어요 is used to emphasize the past utterance of the another person's speech.

  (1) 가 : 어머니가 언제 오세요?
      나 : 내일 오신다고 해요.
  (2) 가 : 수미가 뭐라고 했어요?
      나 : 어머니가 내일 오신다고 했어요.

1 -다고 하다

- -다고 하다 is used when delivering a declarative sentence.
  수미가 "비가 와요."라고 했어요. → 수미가 비가 온다고 했어요.

- Depending on the tense of the original sentence and the parts of the predicate, -다고 하다 can be used as in the following table.

	present	past	future/conjecture
verb	-ㄴ/는다고 하다		-(으)ㄹ 거라고 하다
adjective	-다고 하다	-았/었/였다고 하다	-겠다고 하다
noun+이다	-(이)라고 하다		

(1) 가 : 수영 씨하고 민호 씨가 얼마 전부터 사귄다고 해요.
    나 : 정말요? 잘됐네요.
(2) 가 : 영진 씨 요즘 어떻게 지낸다고 해요?
    나 : 회사에 취직해서 바쁘다고 해요.
(3) 가 : 수미 씨 고향이 어디라고 했어요?
    나 : 고향이 부산이라고 했어요.

(4) 가 : 미키 씨는 내년에 고향에 돌아갈 거라고 해요?
나 : 아니요. 한국에 있는 대학에 입학할 거라고 해요.
(5) 가 : 어제 많이 추웠다고 해요?
나 : 아니요. 별로 안 추웠다고 해요.
(6) 가 : 지은 씨는 방학에 뭐 했다고 해요?
나 : 미국 여행을 다녀왔다고 해요.
(7) 가 : 아현이가 뭐라고 했어요?
나 : 어제는 너무 바빠서 _____.
(8) 가 : 정민이 여자 친구도 학생이라고 해요?
나 : 아니요. _____.

2 -냐고 하다

- -냐고 하다 is used when delivering an interrogative sentence.
  수미가 "비가 와요?"라고 했어요. → 수미가 비가 오느냐고 했어요.

- Depending on the tense of the original sentence and the parts of the predicate, -냐고 하다 can be used as in the following table.

	present	past	future/conjecture
verb	-느냐고 하다	-았/었/였느냐고 하다	-(으)ㄹ 거냐고 하다 -겠느냐고 하다
adjective	-(으)냐고 하다		
noun+이다	-(이)냐고 하다		

- In principle, -냐고 하다 follows the above rule, but -냐고 하다 is generally used for all verbs and adjectives.
  어디에서 오느냐고 물었어요. → 어디에서 오냐고 물었어요.
  사람이 많으냐고 물어요. → 사람이 많냐고 물어요.

(1) 가 : 민서한테 우리하고 같이 저녁을 먹느냐고 물어보세요.
나 : 아까 물어봤는데 오늘 약속이 있다고 했어요.
(2) 가 : 진수 씨가 저한테 뭐라고 했어요?
나 : 지나 씨도 키가 크냐고 했어요.
(3) 가 : 밖에 많이 추우냐고 물어보세요.
나 : 별로 안 춥다고 해요.
(4) 가 : 보라 씨가 뭐라고 해요?
나 : 영민 씨도 학생이냐고 해요.

(5) 가 : 미란이한테 어제 어디에 다녀왔느냐고 물어봤어요?
    나 : 아니요, 아직 못 물어봤어요.
(6) 가 : 영진이한테 정말 올해 군대에 갈 거냐고 물어봤어요?
    나 : 네. 그런데 내년에 갈 거라고 했어요.
(7) 가 : 부산까지 멀어요?
    나 : 뭐라고 했어요?
    가 : 부산까지 _____.
(8) 가 : _____?
    나 : 네. 다음 달에 간다고 해요.

3 -자고 하다

- -자고 하다 is used after a verb stem when delivering a suggestive sentence.
  수미가 "같이 점심을 먹어요."라고 했어요. → 수미가 같이 점심을 먹자고 했어요.

  (1) 가 : 영민 씨가 같이 산에 가자고 하는데요.
      나 : 좋다고 전해 주세요.
  (2) 가 : 희영 씨가 왜 전화했어요?
      나 : 내일 같이 공부하자고 전화했어요.
  (3) 가 : 민정 씨가 오늘 오후에 시간 있냐고 물어봤어요.
      나 : 오늘은 좀 바쁘니까 내일 보자고 하세요.
  (4) 가 : 내일 같이 점심 먹읍시다.
      나 : 뭐라고요?
      가 : _____.

4 -(으)라고 하다

- -(으)라고 하다 is used after a verb stem when delivering an imperative sentence.
  수미가 "내일 일찍 오세요."라고 했어요. → 수미가 내일 일찍 오라고 했어요.

- This takes two forms.
    a. If the verb stem ends in a vowel or ㄹ, -라고 하다 is used.
    b. If the verb stem ends in a consonant(except for ㄹ), -으라고 하다 is used.

- If the speaker requests for him/herself using 주세요, 달라고 하다 is used and if the request is done for someone else, 주라고 하다 is used.

(1) 가 : 한국에 올 때 부모님께서 뭐라고 하셨어요?
　　나 : 부모님께서 저한테 몸조심해서 다녀오라고 하셨어요.
(2) 가 : 선생님한테 뭘 공부해야 하느냐고 물어봤어요?
　　나 : 네. 말하기 연습을 더 많이 하라고 하셨어요.
(3) 가 : 소은 씨가 왜 전화했어요?
　　나 : 내일 늦지 말라고 전화했어요.
(4) 가 : 영철 씨가 뭐라고 했어요?
　　나 : 미진 씨가 이사를 하니까 도와주라고 했어요.
(5) 가 : 책 좀 빌려 주세요.
　　나 : 뭐라고 했어요?
　　가 : _____.
(6) 가 : 소영 씨가 뭐라고 했어요?
　　나 : _____.

제4과 성격
Personality

Goals
You will be able to explain personality traits, strengths and weaknesses.

Topic	Personality
Function	Explaining personality traits, Talking about one's strengths and weaknesses
Activity	Listening : Listen to the radio interview about personality traits, Listen to one's personal strengths and weaknesses
	Speaking: Ask and answer about one's personality, Talk about your own personality
	Reading : Read about a personality test
	Writing : Write a passage describing your personality traits
Vocabulary	Personality traits
Grammar	-잖아요, -지 못하다, 아무 -(이)나, -(으)ㄹ 정도
Pronunciation	Intonation of chunk expression
Culture	Blood type and personality

제4과 성격 Personality

도입 Introduction

1. 이 사람들의 모습이 어떻게 달라요? 이 사람들은 성격이 어떨까요?

2. 여러분의 성격은 어때요? 성격을 어떻게 이야기하면 좋을까요?

대화 & 이야기　　　　　　　　　　　　　　Dialogue & Story

1

위엔: 수연 씨는 성격이 정말 좋은 것 같아요.
수연: 제 성격이 좋다고요? 왜 그렇게 생각하세요?
위엔: 사람들하고 쉽게 친해지고 아무하고나 이야기도 잘하잖아요. 저는 마음과 반대로 말이 잘 안 나와서 모르는 사람하고 쉽게 사귀지를 못해요.
수연: 음, 제가 사교적인 편이기는 하지요. 그래도 저는 제 성격이 그리 마음에 들지 않아요.
위엔: 아니 왜요? 활발하고 밝아서 걱정도 없을 것처럼 보이는데요.
수연: 제가 겉으로 보기에 활발해서 그렇게 생각하는 사람이 많은데 사실은 반대예요. 사실 걱정을 너무 하는 성격이라서 낮에 무슨 일이 있으면 밤에 잠도 못 잘 정도예요.
위엔: 그래요? 그런 면이 있었네요.

• **New Vocabulary**

아무하고나 with anyone
사교적이다 to be sociable
반대 opposite
그리 (not) so
활발하다 to be active
면 aspect

2

김 과장: 이번에 새로 들어온 신입사원은 어때요?
이 대리: 아, 강성민 씨요? 성실하고 일도 빨리 배워서 다들 좋아합니다.
김 과장: 그래요? 다행이네요. 적응을 잘할 수 있을까 걱정했는데. 면접 볼 때도 좀 소극적이었잖아요.
이 대리: 그러고 보니 선배들과 잘 어울리지 못하는 것 같기는 합니다. 지난번 회식 때도 조용히 혼자 있으려고 하고요.
김 과장: 회사일이 동료들과 함께 해 나가는 것인데…….
이 대리: 그래도 불성실하고 업무에 실수가 많은 것보다는 낫지 않겠습니까? 아무래도 직장 생활이 처음이라서 그럴 겁니다.
김 과장: 그럴 수도 있겠네요. 시간이 지나면 괜찮아지겠지요.

• **New Vocabulary**

신입사원
new employee, rookie
성실하다 to be sincere
소극적이다 to be passive
그러고 보니
come to think of it
회식 dining together
혼자 alone
불성실하다 to be insincere
낫다 to be better
아무래도
all things considered

3

친구들은 나보고 성격이 좋다고 말한다. 털털하고 활발해서 아무하고나 쉽게 친해지고, 실수를 하고 덤벙대는 모습이 재미있다고도 한다. 그래서 지금까지는 내 이런 성격을 좋아했다.

그러나 덤벙대는 성격 때문에 큰 실수를 한 뒤로 내 성격에 대해 다시 생각하게 되었다. 이번 학기에 장학생으로 추천을 받은 나는 신청 서류를 하나하나 꼼꼼히 준비했다. 마침내 준비를 다 한 뒤 신청서를 내러 사무실에 갔는데 신청 접수일이 지났다는 것이다. 신청 접수 마감일을 시작일로 잘못 안 것이다. 덤벙대는 성격 때문에 한 학기 장학금이 날아갔다. 지금까지는 실수를 해도 "괜찮아. 잘될 거야!"라고 생각하면서 금방 잊어버리고 같은 실수를 반복했는데 이번 일을 계기로 이런 덤벙대는 성격을 바꾸어야겠다고 생각했다.

> **New Vocabulary**
>
> -보고 (to talk) to (someone)
> 털털하다 to be free and easy-going
> 덤벙대다 to be careless
> 추천 recommendation
> 신청 서류 application documents
> 꼼꼼히 meticulously
> 마침내 finally
> 접수 registration
> 마감일 deadline
> 계기 a reason (for doing something)

 **혈액형과 성격** Blood type and personality

- 여러분의 혈액형은 무엇입니까? 혈액형에 따라 성격이 다르다는 이야기를 들어 본 적이 있어요? 아래의 설명을 읽고 자신의 성격과 비슷한지 이야기해 보세요.
  What is your blood type? Have you heard the claim that your blood type helps determine your personality? Read the following sentence to see how those with your blood type have been described.

  A형은 소심하고, B형은 이기적이며, O형은 고집이 세고, AB형은 독특하다.
  Blood type A is timid, blood type B is selfish, blood type O is stubborn and blood type AB is unique.

- 한국에서는 왜 이런 말이 생겼는지, 정말 혈액형과 성격은 관계가 있는지 다음 글을 읽어 보세요.
  How did such beliefs originate in Korea and what is the actual relationship between blood type and personality? Read the following passage to find out.

 Blood type categorization is meaningless in some parts of the world due to near-total homogeneity within the population. Europeans, for example, exhibit a very high prevalence of types A and O. Among some South American ethnic groups, 99% of people are blood type O. By contrast, all 4 blood types are evenly distributed in Asians. To some people, this makes the blood type seem like a good feature to use to categorize the population. Particularly in Korea and Japan, there is a widespread belief that blood type correlates with personality traits. Scientifically speaking, no relationship has been found between the two. Many Koreans recognize this fact, but still ask as a conversation starter and to indicate that they want to get to know a person better.

- 여러분 나라에서도 이렇게 혈액형과 같은 것으로 성격을 추측해요?
  Does your country also use some feature like blood type to predict personality?

말하기 연습   Speaking Practice

1 〈보기〉와 같이 이야기해 보세요.

> **보기**
> 활발하다, 모두들 좋아하다
> 가: 김민수 씨는 성격이 어때요?
> 나: 활발해서 모두들 좋아해요.

① 성격이 급하다, 무슨 일이든지 빨리 하다
② 적극적이다, 뭐든지 열심히 하다
③ 꼼꼼하다, 작은 것까지 확인하다
④ 사교적이다, 사람들과 잘 어울리다
⑤ 소극적이다, 자기표현을 잘 안 하다
⑥ 고집이 세다, 자기주장이 너무 강하다

• 성격 1 Personality traits 1

적극적이다 to be proactive
소극적이다 to be passive
활발하다 to be active
조용하다 to be quiet
성격이 급하다
to be quick-tempered
느긋하다
to have a relaxed personality
꼼꼼하다 to be meticulous
덤벙대다 to be careless
털털하다
to be free and easy-going
사교적이다 to be sociable
내성적이다
to be introspective
고집이 세다 to be stubborn
이기적이다 to be selfish

2 〈보기〉와 같이 이야기해 보세요.

> **보기**
> 활발하다, 사람을 잘 사귀다
> 가: 세아 씨 성격이 참 부러워요.
> 나: 왜요?
> 가: 활발해서 사람을 잘 사귀잖아요.

① 적극적이다, 자기주장이 확실하다
② 느긋하다, 걱정이 별로 없다
③ 사교적이다, 자기표현을 잘하다
④ 성실하다, 믿음이 가다
⑤ 털털하다, 작은 일에 신경 쓰지 않다
⑥ 꼼꼼하다, 일에 실수가 없다

• 성격 2 Personality traits 2

자기밖에 모르다
to think of only oneself
자기주장이 강하다
to strongly assert oneself
작은 일에 신경 쓰지 않다
to not be bothered by the little things
사람들과 잘 어울리다
to get along with others easily
자기표현을 잘 안 하다
to be passive on expressing oneself

• New Vocabulary

부럽다 to be envious
믿음이 가다 to be reliable

3 〈보기〉와 같이 이야기하고, 마음에 안 드는 성격에 대해서 친구와 이야기해 보세요.

보기	
덤벙대다	가: 자신의 성격 중 마음에 안 드는 게 있어요? 나: 글쎄요. 제 성격 중에 마음에 안 드는 것은 덤벙대는 거예요.

• New Vocabulary

게으르다 to be lazy

❶ 게으르다
❷ 소극적이다
❸ 너무 꼼꼼하다
❹ 내성적이다
❺ 고집이 세다
❻ 너무 부지런하다

4 〈보기〉와 같이 이야기해 보세요.

보기	
부지런하다 / 가만히 앉아 있다	가: 저 사람 정말 부지런한 것 같아요. 나: 그래서 가만히 앉아 있지를 못해요.

• New Vocabulary

제때 in time

❶ 게으르다 / 제때 일을 끝내다
❷ 소극적이다 / 새로운 사람과 잘 사귀다
❸ 착하다 / 부탁을 거절하다
❹ 활발하다 / 말 없이 조용히 있다
❺ 이기적이다 / 다른 사람과 어울리다
❻ 성격이 급하다 / 다른 사람을 기다려 주다

5 〈보기〉와 같이 이야기해 보세요.

> 보기
> 아무하고나 이야기를 잘하다 / 사교적이다
>
> 가: 세아 씨는 아무하고나 이야기를 잘하네요.
> 나: 네. 제가 좀 사교적인 편이에요.

New Vocabulary
말을 걸다
to start a conversation (with someone)

① 아무 데서나 잘 자다 / 털털하다
② 아무 때나 노래를 하다 / 활발하다
③ 아무 일이나 다 하다 / 적극적이다
④ 아무한테나 말을 잘 걸다 / 성격이 좋다

6 〈보기〉와 같이 이야기해 보세요.

> 보기
> 활발하다 / 사실은 내성적이다
>
> 가: 성격이 활발하지요?
> 나: 그렇지도 않아요. 겉으로 보기에 활발한 것 같지만 사실은 내성적이에요.

New Vocabulary
의외로 surprisingly

① 조용하다 / 한번 친해지면 말을 많이 하다
② 적극적이다 / 내가 좋아하는 일을 할 때만 그렇다
③ 꼼꼼하다 / 저도 실수할 때가 많다
④ 사교적이다 / 의외로 혼자 있는 것을 좋아하다
⑤ 소극적이다 / 일을 할 때는 다르다
⑥ 털털하다 / 사실은 걱정이 많다

7 〈보기 1〉이나 〈보기 2〉와 같이 이야기해 보세요.

보기 1

사교적이다, 사람들도 쉽게 사귀다 / 사람을 깊이 사귀지를 못하다

가: 세아 씨는 사교적이어서 좋겠어요. 사람들도 쉽게 사귀고요.
나: 그런 면도 있지만 대신 사람을 깊이 사귀지를 못해요.

• New Vocabulary

여유 시간 spare time
시간에 쫓기다 to be pressed for time
지루하다 to be bored
주관이 뚜렷하다 to have a strong stance (or opinion on something)

보기 2

내성적이다, 사람들과 어울리지도 못하다 / 한번 친해지면 오래 가다

가: 저는 내성적인 성격이 마음에 안 들어요. 사람들과 어울리지도 못하고요.
나: 그럴 수도 있지만 대신 한번 친해지면 오래 가잖아요.

❶ 부지런하다, 일도 제시간에 끝내다 /
여유 시간을 즐기지 못하다

❷ 활발하다, 친구도 많다 /
혼자 있는 것을 참지를 못하다

❸ 느긋하다, 언제나 여유가 있어 보이다 /
일할 때는 도움이 안 되다

❹ 급하다, 언제나 시간에 쫓기다 / 일을 제때 끝내다

❺ 덤벙대다, 물건도 자주 잃어버리다 /
생활이 지루하지는 않다

❻ 고집이 세다, 주위 사람들도 싫어하다 /
자기 주관이 뚜렷하다

8 <보기>와 같이 이야기해 보세요.

> 보기
> 꼼꼼하다 /
> 실수 없이 일을 끝
> 낸 적이 없다,
> 덤벙대다
>
> 가: 꼼꼼한 것 같아요.
> 나: 제가요? 실수 없이 일을 끝낸 적이 없을 정도로 덤벙대요.

❶ 활발하다 / 집에서는 말 한 마디 안 하다, 조용하다

❷ 성격이 좋다 /
모두들 같이 일을 안 하려고 하다, 이기적이다

❸ 적극적이다 / 자기소개도 잘 못 하다, 소극적이다

❹ 이기적이다 /
문제가 생기면 모두들 저에게 부탁을 하다, 착하다

❺ 내성적이다 /
학교 사람들이 모두 다 나를 알다, 사교적이다

❻ 부지런하다 / 손가락 하나 까닥 안 하다, 게으르다

9 여러분의 성격에 대해 <보기>와 같이 친구와 이야기해 보세요.

> 보기
> 가: 영진 씨는 성격이 어때요?
> 나: 저는 좀 내성적인 편이에요. 그래서 사람들을 쉽게 사귀지를 못해요. 세아 씨는 활발해서 좋겠어요. 아무하고나 쉽게 잘 사귀고요.
> 가: 그렇지도 않아요. 겉으로 보기에는 활발한 것 같지만 사실은 걱정도 많고 소극적인 편이에요. 그래서 작은 일만 있어도 걱정이 돼서 잠을 못 잘 정도예요.

발음 Pronunciation

Intonation of chunk expression

영수 씨는 꼼꼼한 편이에요. (×)

영수 씨는 꼼꼼한 편이에요. (○)

Chunk expressions such as 꼼꼼한 편이에요, 없을 정도로, 참지를 못해요 are usually uttered in one single breath. These expressions are composed of more than two word units but the whole expression represents one complete meaning.

▶ 연습해 보세요.

(1) 가: 내성적인 편이에요?
　　나: 네. 그래서 사람들을 쉽게 사귀지 못해요.
(2) 가: 요코 씨는 실수를 안 하지요?
　　나: 맞아요. 참 꼼꼼한 것 같아요.
(3) 가: 한국어를 얼마나 할 수 있어요?
　　나: 생활하는 데 불편하지 않을 정도는 해요.

● New Vocabulary

손가락 하나 까닥 안 하다
to not lift a finger to do (something)

활동 / Activity

 Listening_듣기

1 라디오 방송에서 인터뷰를 하고 있습니다. 잘 듣고 질문에 대답하세요.
Listen to the radio interview. Listen carefully and answer the questions.

- 남자의 직업은 무엇인 것 같아요?
  What is the man's occupation?

- 다시 들으면서 남자의 실제 성격은 어떤지 메모해 보세요.
  Listen again and write down his actual personality.

- 여러분이 좋아하는 영화배우가 있어요? 그 영화배우의 실제 성격은 어떨 것 같아요?
  Do you have a favorite movie star? Describe what the movie star's actual personality might be like.

New Vocabulary

모시다 to have (someone) over as a guest
인기를 얻다 to gain popularity
느리다 to be slow

2 다음은 면접 상황에서 자신의 성격에 대해 이야기하고 있는 내용입니다. 잘 듣고 아래의 내용이 맞으면 O, 틀리면 X에 표시하세요.
Listen to the narration talk about a speaker's personality at an interview situation. Listen carefully and mark the following statements as either O or X.

1) 이 사람은 느긋하지만 꼼꼼한 성격이다. O X
2) 이 사람은 고집 센 성격이 좋다고 생각한다. O X
3) 이 사람은 성격은 변하기 어렵다고 생각한다. O X

New Vocabulary

장점 strength
설득하다 to persuade
확신이 있다 to be positively sure(about something)
단점 weakness
괴롭히다 to bother

78 제4과 성격

🎤 **Speaking_말하기**

1 친구의 성격에 대해 3~4명이 한 조가 되어 이야기해 보세요.
Get into groups of 3~4 and talk about a friend's personality.

- 친구와 함께 성격에 대해 묻고 대답해 보세요.
  Ask and answer about your personalities with a friend.

  1) 성격이 어때요?

  2) 좋은 성격과 나쁜 성격은 어떤 것입니까?

  3) 왜 그렇게 생각해요?

- 친구의 성격 중 여러분이 닮고 싶은 성격이 있어요?
  Is there any characteristic that you wish to take after your friend?

- 친구의 좋은 성격에 대해 이야기해 주세요.
  Discuss your friend's good personality traits.

2 자기의 성격에 대해 이야기해 보세요.
Discuss your own personality.

- 여러분의 성격 중 어떤 면이 좋다고 생각해요? 그리고 어떤 면이 나쁘다고 생각해요?
  What are your positive personality traits? And what are the negative personality traits?

- 자신의 성격에 대해 발표해 보세요.
  Make a presentation about your own personality traits.

- 친구의 발표를 듣고 여러분이 평소에 생각했던 점과 다른 것이 있으면 이야기해 보세요.
  Listen to your classmates' presentation and discuss if you feel different about the topic.

📖 Reading_읽기

1 다음은 성격 테스트 글입니다. 잘 읽고 여러분의 성격과 맞는지 확인해 보세요.
The following is a composition testing your personality. Read it carefully and compare it with your own personality.

● 좋아하는 색깔과 성격이 관련이 있다고 생각해요?
Do you think there is a link between favorite color and personality?

● 다음 중 좋아하는 색깔을 고르고 같은 색깔을 고른 사람들의 성격이 비슷한지 이야기해 보세요.
Choose your favorite color and find out who picked the same color. Discuss amongst yourselves if there are common grounds within the same group.

자동차를 사려고 합니다. 마음에 드는 차의 색깔을 골라 보세요.

● 자기가 고른 색깔에 대한 글을 읽고 여러분의 성격과 맞는지 생각해 보세요.
Read the following passage to see how those with your personality have been described.

□ **흰색**: 당신은 자신의 마음을 잘 표현하지 않는 사람입니다. 그리고 다른 사람의 실수는 물론 자신의 실수도 용서하지 않는 ㉠<u>완벽주의자</u>입니다.

□ **파란색**: 당신은 내성적이며 생각이 많은 사람입니다. 돈보다 마음의 만족을 중요하게 생각하지요. 겉으로 보기에 ㉡<u>냉정한</u> 것 같지만 사실은 따뜻한 마음을 갖고 있습니다.

□ **까만색**: 당신은 성공을 중요하게 생각하는 사람입니다. 희망과 꿈이 크고 미래를 위해 열심히 노력합니다. 작은 것 하나도 지고 싶어하지 않습니다.

□ **빨간색**: 당신은 ㉢<u>외향적인</u> 성격으로 감정 표현을 잘하는 사람입니다. 낙천적이어서 작은 일에 신경을 쓰지 않고 생각보다 행동을 먼저 하는 경우가 많습니다.

New Vocabulary
- 표현하다 to express
- 용서하다 to forgive
- 만족 satisfaction
- 희망 hope
- 지다 to lose
- 낙천적이다 to be optimistic
- 신경을 쓰다 to pay attention

● 맞는 부분과 그렇지 않은 부분에 대해 친구와 이야기해 보세요.
Discuss what is true and what is not with your friend.

● 전체를 다시 한 번 읽고 ㉠~㉢이 각각 무슨 뜻인지 이야기해 보세요.
Read the passage again and discuss the meanings of ㉠~㉢.

✏️ Writing_쓰기

1 여러분의 성격을 설명하는 글을 써 보세요.
Write a composition explaining your own personality traits.

- 어떤 내용으로 구성하면 좋을지, 꼭 포함시켜야 할 내용이 무엇인지 생각해 보세요.
  Think about how to organize the writing and what needs to be included.

- 성격의 특징(장점·단점)이 잘 드러나는 구체적인 예를 들어 여러분의 성격을 설명하는 글을 써 보세요.
  Write a character sketch describing your personality traits (strengths, weaknesses) by giving real-life specific examples.

- 친구의 글을 읽고 친구의 성격이 잘 설명되었는지 이야기해 주세요.
  Read a friend's writing and discuss whether the friend's personality is well presented.

자기 평가 / Self-Check

- 자신의 성격에 대해 이야기할 수 있어요? Excellent ●—●—●—● Poor
  Are you able to talk about your personality traits?

- 성격의 장점·단점에 대해 이야기할 수 있어요? Excellent ●—●—●—● Poor
  Are you able to talk about your strengths and weaknesses?

- 성격을 설명하는 글을 읽고 쓸 수 있어요? Excellent ●—●—●—● Poor
  Are you able to read and write a composition explaining personality traits?

문법 Grammar

1 -잖아요

- -잖아요 is attached to a verb, an adjective or 'noun+이다', reminding the fact that the listener already knows.
- -잖아요 is used in informal setting.

(1) 가: 왜 수연이를 좋아해요?
　　나: 다른 건 몰라도 수연이가 성격이 좋잖아요.
(2) 가: 영진 씨, 아직도 숙제를 안 끝냈어요?
　　나: 제가 좀 게으르잖아요. 이해하세요.
(3) 가: 공부 안 하고 계속 놀 거예요? 시험이 일주일도 안 남았잖아요.
　　나: 저도 아는데 하기가 싫어요.
(4) 가: 그 사람 계속 만날 거예요?
　　나: 네. _____.

2 -지 못하다

- -지 못하다 is attached to a verb stem, indicating incapability or something that did not become as intended.
- -지 못하다 is used in declarative and interrogative sentences but not in imperative sentence or suggestion.

(1) 가: 영진 씨는 좀 소극적이네요.
　　나: 네. 그래서 사람을 빨리 사귀지를 못해요.
(2) 가: 영진 씨, 이 부분이 빠졌네요.
　　나: 죄송해요. 제가 좀 덤벙대서 하나하나 확인하지 못할 때가 많아요.
(3) 가: 동창회 어땠어요?
　　나: 어제 너무 바빠서 가지 못했어요.
(4) 가: 이제 테니스를 잘 치겠네요.
　　나: _____.

● New Vocabulary
빠지다 to be left out
동창회 (school) reunion

3 아무 –(이)나

- 아무 -(이)나 is used in '아무+noun+(이)나', indicating a positive preference regardless of place/person/thing.
- When combining with a preposition, '아무+noun+preposition+(이)나' form is used.

(1) 가: 세아 씨는 아무거나 잘 먹고 아무 데서나 잘 자네요.
　　나: 네. 제가 좀 털털한 편이에요.
(2) 가: 서류를 받으러 누가 갈까요?
　　나: 아무나 오세요.
(3) 가: 모르는 게 있으면 어떻게 하지요?
　　나: 전 괜찮으니까 아무 때나 전화하세요.
(4) 가: 오늘 점심은 뭘 먹을까요?
　　나: _____.

4 –(으)ㄹ 정도

- -(으)ㄹ 정도 is attached to a verb stem and used when describing a certain degree with a specific example.
- This takes two forms.
  a. If the stem ends in a vowel or ㄹ, -ㄹ 정도 is used.
  b. If the stem ends in a consonant (except for ㄹ), -을 정도 is used.
- -(으)ㄹ 정도이다, -(으)ㄹ 정도로 forms are often used.

(1) 가: 영진 씨 성격은 어때요?
　　나: 모르는 사람하고는 말 한 마디 안 할 정도로 내성적이에요.
(2) 가: 영화 어땠어요?
　　나: 관객들이 다 울 정도로 슬펐어요.
(3) 가: 좀 더 드세요.
　　나: 아니에요. 너무 많이 먹어서 배가 터질 정도예요.
(4) 가: 그 행사에 사람이 많이 왔어요?
　　나: 네. 행사장에 사람이 다 들어갈 수 없을 정도였어요.
(5) 가: 이 선생님이 참 친절하시죠?
　　나: _____.
(6) 가: 공부 많이 했어요?
　　나: _____.

> **New Vocabulary**
> 행사 event

제5과 생활 예절
Daily Etiquette

Goals
You will be able to ask and answer about public manners and regulations.

Topic	Daily etiquette
Function	Talking about manners in public, Asking and answering about public regulations
Activity	Listening : Listen to Korean daily etiquettes, Listen to a public announcement
	Speaking : Talk about ill-mannered behaviors, Talk about other countries' daily etiquettes
	Reading : Read an advertisement on public etiquettes
	Writing : Write about different manners in different nations
Vocabulary	Public regulation, Ill-mannered behavior, Etiquette · Public order
Grammar	-게 하다, - 줄 알다/모르다, -다면서요, -(으)ㄹ 텐데요
Pronunciation	Intonation of - 줄 알다/모르다
Culture	What age means to Koreans

제5과 생활 예절 Daily Etiquette

도입 Introduction

1. 여기는 어디입니까? 이 사람들은 왜 자리에 앉지 않을까요?

2. 여러 사람이 이용하는 공공장소에서 지켜야 할 예절로 무엇이 있을까요?

대화 & 이야기   Dialogue & Story

1

수　연: 마이클 씨, 물 달라고 했지요? 여기 물 드세요.
마이클: 네. 고마워요.
수　연: 어, 마이클 씨. 왜 고개를 돌리고 마셔요?
마이클: 이상해요? 한국에서는 뭔가를 마실 때 고개를 돌리고 마셔야 한다면서요?
수　연: 그건 윗사람 앞에서 술을 마실 때만 그렇게 하고요. 저처럼 나이가 비슷한 친구 사이에서는 그럴 필요 없어요.
마이클: 그래요? 저는 한국에서는 언제나 이렇게 해야 하는 줄 알았어요. 우리나라하고 다른 예절이 많아서 좀 어려워요.
수　연: 앞으로 하나씩 천천히 배우면 되지요.

• New Vocabulary

고개를 돌리다 to turn one's head away
윗사람 one's elders
예절 manners

2

민호: 요즘 고등학생들은 너무 예의를 모르는 것 같아.
유키: 왜? 무슨 일 있었어?
민호: 오늘 여기 오는 버스에 여학생 세 명이 탔는데 너무 시끄러운 거야. 큰 소리로 웃고 떠드는데, 그 소리가 온 버스에 다 들릴 정도였어.
유키: 전에는 여학생들 웃는 모습만 봐도 예쁘다면서?
민호: 내 말이. 웬만해서는 예쁘다고 생각했을 텐데. 그 여학생들은 예의도 없고 말투도 너무 거칠어서 듣고 있던 나까지 짜증 나게 할 정도였어.
유키: 요즘 학생들이 욕도 많이 하고, 어른들이 이해할 수 없는 말을 많이 해서 문제라면서?
민호: 나도 그런 이야기를 듣기는 했는데 이렇게 심한 줄 몰랐지.

• New Vocabulary

예의 etiquette, courtesy
떠들다 to talk loudly
온 entire
웬만하다 to be tolerable
말투 one's way of talking
거칠다 to be rough
욕을 하다 to swear

3

　오늘 점심을 먹으러 식당에 갔을 때의 일이다. 우리 옆자리에 한 가족이 앉았는데 초등학생 정도의 아이 두 명이 부모와 함께 왔다. 이 아이들은 식당에 들어올 때부터 식당이 자기 집인 줄 아는 것 같았다. 소리를 지르고 이것저것 식당 물건을 만지는 등 제멋대로 행동을 해서 옆에서 밥을 먹는 우리까지 신경이 쓰이게 했다.

　아이들의 부모님이 아이들에게 주의를 시키면 좋았을 텐데. 그 부모는 아이에게는 관심도 없이 자기들 할 일만 하고 있었다. 처음에는 아이들을 보고 귀엽다고 생각했지만 나중에는 그런 마음이 다 사라졌다. 누구나 좋아하는 아이로 키우고 싶으면 공공장소 예절부터 가르쳐야 할 것이다.

New Vocabulary

초등학생 elementary school student
만지다 to touch
신경이 쓰이다 to get on one's nerves
주의를 시키다 to give warning
귀엽다 to be cute
사라지다 to disappear
키우다 to bring up
공공장소 public place

 한국인에게 나이란 What age means to Koreans

- 한국 사람은 처음 사람을 만나면 나이를 자주 묻지요? 다른 나라에서는 아주 실례되는 행동인데 한국에서는 왜 나이를 묻는지 그 이유를 알아요?
  Korean people often ask each other's age upon first meeting. This can be considered very rude in other cultures. Do you know why Koreans ask this question?

- 다음은 한국인이 나이를 먼저 묻는 이유에 대한 설명입니다. 다음을 읽고 그 이유를 알아보세요.
  The following passage explains why Koreans ask for each other's age. Read carefully to find out the reason.

 Korean culture holds elders in high regard, and people are therefore expected to observe certain customs politeness when interacting with those who are older than they are. Some examples include using honorific expressions, using two hands when giving or receiving items and allowing the elder to be the first to start eating. A Korean person will decide how to interact with someone based on whether that person is older or younger. It is therefore important in Korean society to know a person's age upon first meeting them. Asking someone's age in Korea is a way of preparing to treat them with respect.

- 여러분 나라에도 상대방의 나이에 따른 예절이 있어요? 그렇다면 상대방의 나이를 어떻게 확인해요?
  Does your country have any manners regarding elders? Then how do you know other people's age?

말하기 연습   Speaking Practice

1 〈보기〉와 같이 이야기해 보세요.

보기
출입금지
들어가다

가: 들어가도 돼요?
나: 여기는 출입 금지니까 들어가면 안 돼요.

공공 규칙 Public regulation

금연 No smoking
노약자석 The seats for senior citizens and the disabled
출입 금지 Do not enter
주차 금지 No parking
음식물 반입 금지 Food is not allowed
애완동물 출입 금지 No pets
휴대 전화 사용 금지 No cellphone

❶ 금 연
담배를 피우다

❷ 주차금지
주차하다

❸ 음 식 물 반입금지
음식물을 가지고 가다

❹ 애완동물 출입금지
개를 데리고 들어가다

2 〈보기〉와 같이 이야기해 보세요.

보기
공공장소, 다른 사람에게 피해를 주는 행동을 하다

가: 예의 없는 사람들이 많지요?
나: 맞아요. 공공장소에서 다른 사람에게 피해를 주는 행동을 하는 사람들도 있고요.

예의 없는 행동 Ill-mannered behavior

예의 없이 행동하다 to behave impolitely
다른 사람에게 피해를 주다 to make other people feel disturbed
함부로 하다 to act carelessly
큰 소리로 떠들다 to talk in a loud voice
새치기를 하다 to cut into the line
침을 뱉다 to spit

❶ 길거리, 쓰레기를 버리다
❷ 정류장, 새치기를 하다
❸ 극장, 전화 통화를 하다
❹ 공연장, 함부로 사진을 찍다
❺ 지하철, 다리를 벌리고 앉다
❻ 길거리, 침을 뱉다

New Vocabulary

벌리다 to widen

3 〈보기〉와 같이 이야기해 보세요.

> **보기**
> 저 남자,
> 예의가 없다
>
> 가: 저 남자는 예의가 없는 것 같아요.
> 나: 맞아요. 저도 그렇게 생각해요.

예의 · 질서
Etiquette · Public order

예의가 있다 to be polite
예의가 없다 to be impolite
예의가 바르다
to have good manners
예의에 어긋나다
to go against the canons of good manners
질서를 잘 지키다
to keep public order
질서를 잘 안 지키다
to disturb public order
다른 사람을 잘 배려하다
to be thoughtful to others

❶ 저 여자, 예의를 모르다
❷ 저 아이, 예의가 바르다
❸ 저 사람, 다른 사람을 잘 배려하다
❹ 이 나라 사람들, 질서를 잘 안 지키다
❺ 이곳 사람들, 질서를 잘 지키다
❻ 저런 행동, 예의에 어긋나다

4 〈보기〉와 같이 이야기해 보세요.

> **보기**
> 물어보지도 않고
> 이것저것 만지다,
> 화가 나다
>
> 가: 기분 나쁜 일이 있어요?
> 나: 물어보지도 않고 이것저것 만져서 화가 나게 하잖아요.

New Vocabulary

찌푸리다 to frown
열 받다 to get angry
기분을 상하다 to feel upset

❶ 큰 소리로 떠들다, 짜증이 나다
❷ 다리를 벌리고 앉다, 우리도 못 앉다
❸ 극장에서 전화를 받다, 영화도 못 보다
❹ 소리 내며 음식을 먹다, 얼굴을 찌푸리다
❺ 하지 말라는 것만 하다, 열 받다
❻ 미안하다고 말도 안 하다, 기분을 상하다

5 〈보기〉와 같이 이야기해 보세요.

> **보기**
> 어른이 드시기 전에 먼저 먹다 / 그런 예절이 있다, 모르다
>
> 가: 어른이 드시기 전에 먼저 먹으면 안 돼요.
> 나: 그런 예절이 있는 줄 몰랐어요.

❶ 개를 데리고 들어오다 / 애완동물 출입 금지이다, 모르다

❷ 노약자석에 앉다 / 여기가 노약자석이다, 모르다

❸ 새치기를 하다 / 줄을 서 있다, 모르다

❹ 사진을 찍다 / 찍어도 되다, 알다

❺ 지금 건너다 / 파란불이다, 알다

❻ 여기에서 담배를 피우다 / 야외니까 피워도 되다, 알다

6 〈보기〉와 같이 이야기해 보세요

> **보기**
> 노약자석에 앉으면 안 되다 / 비워 두는 게 좋다
>
> 가: 노약자석에 앉으면 안 된다면서요?
> 나: 네. 비워 두는 게 좋아요.

❶ 어른 앞에서 담배를 피우면 안 되다 / 그러면 안 되다

❷ 어른께는 물건을 두 손으로 드려야 하다 / 한 손으로 드리면 실례이다

❸ 집에 들어갈 때 신발을 벗다 / 신고 들어가면 안 되다

❹ 운전석이 왼쪽에 있다 / 일본하고 반대이다

❺ 친한 친구끼리 팔짱을 끼고 다니다 / 그건 이상한 게 아니다

❻ 처음 만난 사이에도 나이를 묻다 / 그래도 실례가 아니다

● **발음 Pronunciation**

Intonation of – 줄 알다/모르다

가: 들어가면 안 돼요.
나: 미안합니다. 저는 들어가면 안 되는 줄 몰랐어요.
다: 저도 들어가도 되는 줄 알았어요.
라: 나는 들어가면 안 되는 줄 알았는데.

The intonation of – 줄 알다/모르다 sentence changes depending on the speaker's intention. In a situation where you should not enter the room and you actually did not know about it or you knew already but entered anyway, you need to break up the sentence into 들어가면 안 되는 줄 and 몰랐다/알았다. However, if you falsely understood that you were allowed to enter the room, you need to utter 되는 줄 알았다 in a single breath as one unit.

▶ 연습해 보세요.

(1) 가: 웨이 씨 한국말 잘하죠?
나: 네. 저는 한국 사람인 줄 알았어요.

(2) 가: 와, 우산 가지고 왔네.
나: 응. 나는 비가 올 줄 알았어.

(3) 가: 왜 숙제를 안 했어요?
나: 저는 숙제가 있는 줄 몰랐어요.

● **New Vocabulary**

팔짱을 끼다
to lock arms with

실례이다 to be a rudeness

7 친구들의 나라나 다른 나라의 생활 예절에 대해 〈보기〉와 같이 이야기해 보세요.

> 보기
> 일본에서는 밥그릇을 들고 먹는다면서요?

8 〈보기〉와 같이 이야기해 보세요.

> 보기
> 전화벨 소리가 너무 크다 / 진동으로 하면 좋다
>
> 가: 전화벨 소리가 너무 크네요.
> 나: 네. 진동으로 하면 좋을 텐데요.

● New Vocabulary
진동 vibration
자리를 차지하다 to occupy a seat
접다 to fold
자리를 양보하다 to make room(for someone)
비우다 to empty
비키다 to move aside

① 식당에서 담배를 피우다 / 밖에 나가서 피우면 좋다
② 자리를 차지하고 신문을 보다 / 접어서 보면 되다
③ 너무 오래 기다리다 / 한 줄로 서면 더 빠르다
④ 선생님한테 반말로 이야기하다 / 그러면 안 된다는 것을 배웠다
⑤ 할아버지가 서 계시다 / 자리를 양보하면 좋다
⑥ 피곤할 텐데 노약자석을 비워 두다 / 사람이 왔을 때 비켜 주면 되다

9 한국이나 여러분이 가 본 나라 중에 가기 전에 생각했던 것과 다른 예절이나 규칙이 있었어요? 〈보기〉와 같이 친구와 이야기해 보세요.

> 보기
> 가: 한국에서는 어른을 대할 때 특별한 예절이 있다면서요?
> 나: 네. 친구들 앞에서 하는 것과는 다르지요.
> 가: 어떤 것을 하면 안 돼요? 조심해야 하는 것을 가르쳐 주세요.
> 나: 우선 높임말을 써야 하고요. 어른들께 물건을 드릴 때는 두 손으로 드려야 해요. 어른 앞에서는 담배를 피워도 안 되고요.
> 가: 우리나라와 이렇게 다른 게 많은 줄 몰랐어요.

● New Vocabulary
높임말 honorific speech

| 활동 | Activity |

1 다음은 예의에 관한 대화입니다. 잘 듣고 아래의 내용이 맞으면 ○, 틀리면 ✕에 표시하세요.
Listen to the people talk about manners. Listen carefully and mark the following statements as either O or X.

1) 여자는 자기의 잘못을 사과하고 있다. ○ ✕
2) 남자는 말보다 마음이 더 중요하다고 생각한다. ○ ✕
3) 남자는 한국 사람의 마음을 잘 이해하고 있다. ○ ✕

New Vocabulary
치다 to hit
충분히 fully
무시하다 to ignore

2 다음은 공연장에서의 안내 방송입니다. 잘 듣고 아래의 내용이 맞으면 ○, 틀리면 ✕에 표시하세요.
Listen to the announcement at the theater. Listen carefully and mark the following statements as either O or X.

1) 공연 중에는 사진을 찍으면 안 된다. ○ ✕
2) 휴대 전화 벨소리는 진동으로 바꾼다. ○ ✕
3) 공연이 다 끝난 후에 박수를 쳐야 한다. ○ ✕

New Vocabulary
공연 performance
관람 viewing
소지품 belongings
좌석 seat
차다 to kick
박수 applause

Speaking_말하기

1 예의 없는 행동에 대해 이야기해 보세요.
Discuss bad manners.

- 여러분은 아래의 예의 없는 행동을 해 본 적이 있어요? 또는 다른 사람이 한 것을 본 적이 있어요?
  Have you done any of the actions listed below? Have you seen another person doing any of them?

	나	다른 사람
1 무단 횡단하는 것		
2 새치기하는 것		
3 반말로 이야기하는 것		
4 공공장소에서 떠드는 것		
5		

• New Vocabulary
무단 횡단 jaywalking

1) 어떤 상황이었어요?
What was the situation?

2) 그때의 기분은 어땠어요?
How did you feel at that time?

- 3~4명이 한 조가 되어 예의 없는 행동을 하거나 본 경험에 대해 이야기해 보세요.
  Get into groups of 3~4 and discuss your experiences with the ill-mannered behaviors.

2 여러분 나라와 친구 나라 또는 한국의 생활 예절에 대해 이야기해 보세요.
Discuss daily manners of your country, your friend's country or manners of Korea.

- 다음에 대해 메모해 보세요.
  Take notes on the following questions.

  1) 다른 나라와 다른, 여러분 나라의 예절로 어떤 것이 있어요?
     Do you know any other manners from other countries?

  2) 한국과 여러분 나라의 공공장소 규칙 중에 불합리하다고 생각하는 규칙이 있어요?
     Do you find any of the public regulations in Korea unreasonable? How about the public regulations in your country?

- 메모한 내용을 바탕으로 친구들과 생활 예절이나 공공 규칙에 대해 이야기해 보세요.
  Based on your notes, discuss with your classmates about the daily manners and the public regulations.

Reading_읽기

1 다음은 지하철 이용 예절에 관한 광고입니다. 잘 읽고 질문에 답하세요.
The following is an advertisement about subway etiquette. Read it carefully and answer the questions.

● 다음 그림이 무엇을 의미하는지 이야기해 보세요.
Discuss the meaning of the following pictures.

● 다음 글을 읽고 위의 그림 중 관련 있는 것을 고르세요.
Read the following passages and choose the relevant picture above.

1. 휴대 전화 벨소리는 진동으로 하고, 통화할 때는 작은 목소리로 하기
2. 장애인, 노약자, 임산부 등을 위해 노약자석은 비워 두고 어른에게는 자리 양보하기
3. 음악을 들을 때는 다른 사람에게 들리지 않도록 하고 대화는 조용히 하기
4. 신문을 볼 때는 반으로 접기
5. 애완동물을 데리고 지하철에 타지 않기
6. 차 안에 있는 승객이 내린 다음 승차하기

> **New Vocabulary**
> 장애인 the handicapped
> 노약자 the old and the weak
> 임산부 the pregnant woman
> 승객 passenger
> 승차하다 to board

✏️ Writing_쓰기

1 여러분 나라의 예절을 설명하는 글을 써 보세요.
Write a composition explaining your country's manners.

- 여러분 나라에는 어떤 예절이 있어요?
  What kind of manners does your country have?

  1) 다른 나라와 다른, 여러분 나라만의 예절로 무엇이 있어요?
     What kind of authentic and unique manners do you have in your culture?

  2) 그러한 예절이 생긴 원인이나 배경은 무엇일까요?
     What is the origin or the background of that cultural manner?

- 위의 내용을 바탕으로 한국 또는 다른 나라와 비교하여 여러분 나라의 예절을 설명하는 글을 써 보세요.
  Based on the outline above, write a composition about unique manners in your culture compared to Korean culture or another country's culture.

- 친구가 쓴 글을 읽어 보고 새롭게 알게 된 사실이 있으면 이야기해 보세요.
  Read your friend's writing and discuss any facts that you newly learned.

자기 평가 ✏️ Self-Check

- 공공장소에서 지켜야 할 예절에 대해 이야기할 수 있어요?
  Are you able to talk about public manners? Excellent ●—●—●—● Poor

- 다른 나라의 예절에 대해 묻고 대답할 수 있어요?
  Are you able to ask and answer about another country's manners? Excellent ●—●—●—● Poor

- 공공 예절을 설명하는 글을 읽고 쓸 수 있어요?
  Are you able to read and write a passage on the public manners? Excellent ●—●—●—● Poor

문법 Grammar

1 -게 하다

- -게 하다 is attached to a verb or an adjective and is used when making someone to do something or when making something to be in a certain condition.

    (1) 가: 무슨 일이 있었어요? 기분이 안 좋아 보여요.
        나: 저 사람이 금연인데도 자꾸 담배를 피워서 짜증 나게 하잖아요.
    (2) 가: 음식물을 갖고 못 들어가게 하네요.
        나: 네. 여기는 음식물 반입 금지예요.
    (3) 가: 무슨 좋은 일이 있나 봐요.
        나: 친구의 따뜻한 말 한마디가 나를 행복하게 하네요.
    (4) 가: 기분 나쁜 일이 있어요?
        나: _____.

2 - 줄 알다/모르다

- - 줄 알다/모르다 is attached to a verb, an adjective or 'noun+이다', indicating that the speaker believes in a certain way (- 줄 알다) or cannot think to that extent (- 줄 모르다).
- Depending on the parts of speech and the tense, - 줄 알다/모르다 takes various form as shown below.

    a. In case of verb, it takes various forms depending on tense.

past	present	future
-(으)ㄴ 줄 알다/모르다	-는 줄 알다/모르다	-(으)ㄹ 줄 알다/모르다

    어제 비가 온 줄 알았어요.
    지금 비가 오는 줄 알았어요.
    내일 비가 올 줄 알았어요.

    b. In case of adjective, it takes different forms depending on the amount of information.

	Information	No information
있다, 없다	-는 줄 알다/모르다	-을 줄 알다/모르다
Other adjectives	-(으)ㄴ 줄 알다/모르다	-(으)ㄹ 줄 알다/모르다

Daily Etiquette **97**

대전에 살 때 대전이 큰 줄 알았어요. 그런데 서울에 와서 대전이 작다는 걸 알았어요.
대전이 클 줄 알았어요. 그런데 대전에 가 보니까 생각보다 작았어요.

(1) 가 : 여기에서 담배를 피우면 안 돼요.
    나 : 그래요? 피우면 안 되는 줄 몰랐어요.
(2) 가 : 아직 들어가시면 안 돼요.
       지금 영화 상영 중이에요.
    나 : 죄송해요. 영화가 다 끝난 줄 알았어요.
(3) 가 : 왜 저 사람에게 한국말로 이야기했어요?
    나 : 한국 사람인 줄 알았거든요.
(4) 가 : 음식이 많이 남았네요.
    나 : 네. 사람들이 많이 올 줄 알고 음식을 많이 준비했어요.
(5) 가 : 정말 여기를 모르는 사람이 없지요?
    나 : 네. 여기가 이렇게 유명한 줄 몰랐어요.
(6) 가 : 한국어 공부는 어때요?
    나 : 많이 힘들 줄 알았는데 생각보다 어렵지 않아요.
(7) 가 : 왜 이렇게 늦게 왔어요?
    나 : _____. 시간이 많이 걸렸어요.
(8) 가 : 수연 씨가 만든 음식 맛이 어때요?
    나 : _____.

> **New Vocabulary**
> 상영 중
> (movie) to be playing

3 －다면서요

- -다면서요 is attached to a verb, an adjective or 'noun+이다' and is used to confirm to the listener of what the speaker heard from another person.

- You can simply attach -면서요 after -다 style (ending form in written language). In case of 'noun+이다', however, -(이)라면서요 is followed.

	present	past	future/conjecture
verb	-ㄴ/는다면서요	-았/었/였다면서요	-(으)ㄹ 거라면서요
adjective	-다면서요		-겠다면서요
noun+이다	-(이)라면서요		

(1) 가: 한국에서는 한 손으로 물건을 주면 안 된다면서요?
　　나: 네. 특히 어른에게는요.
(2) 가: 저 집 아이들은 예의가 바르다면서요?
　　나: 네. 할아버지가 엄하셔서 교육을 잘 시켰다고 해요.
(3) 가: 저 두 사람이 부부라면서요?
　　나: 네. 지금까지 몰랐어요?
(4) 가: 저도 밥 좀 주세요.
　　나: 조금 전에 밥 먹었다면서요? 또 먹을 거예요?
(5) 가: _____?
　　　일찍 왔네요.
　　나: 사람들이 도와줘서 일이 빨리 끝났어요.
(6) 가: _____?
　　나: 네. 그게 제 취미거든요.

> **New Vocabulary**
> 엄하다 to be strict
> 부부 husband and wife

4 -(으)ㄹ 텐데요

- -(으)ㄹ 텐데요 is attached to a verb, an adjective or 'noun+이다', indicating a strong conjecture in a certain situation. It expresses the existence of related or opposed contents to it.

- As for present tense, this takes two forms.
  a. If the stem ends in a vowel or ㄹ, -ㄹ 텐데요 is used.
  b. If the stem ends in a consonant (except for ㄹ), -을 텐데요 is used.

- When inferring something happened in the past, -았/었/였을 텐데요 is used.

(1) 가: 저 사람은 왜 저렇게 시끄럽게 말을 할까요?
　　나: 그러게요. 다른 사람도 좀 생각하면 좋을 텐데요.
(2) 가: 요즘 아이들은 예의를 모르는 경우가 많은 것 같아요.
　　나: 맞아요. 어릴 때부터 예의를 가르쳐야 할 텐데요.
(3) 가: 지금 가도 볼 수 있을까요?
　　나: 지금 가면 벌써 끝났을 텐데요.
(4) 가: 혼자서도 할 수 있을까요?
　　나: _____.

Daily Etiquette

제6과 미용실
Beauty Salon

Goals
You will be able to explain a hair-style you like at a beauty salon.

Topic	Beauty salon
Function	Explaining a hair-style, Suggesting a hair-style that is well suited
Activity	Listening : Listen to a conversation at a beauty salon, Listen to a conversation advising a new hair-style
	Speaking : Suggest a hair-style, Explain a hair-style
	Reading : Read a passage about hair-styles for different face shapes
	Writing : Write a passage asking for advice on choosing a hair-style
Vocabulary	Hair-styles, At the beauty salon, Aftercare, Impression of physical appearance
Grammar	-게, -아/어/여 보이다, -던데요, ㅎ irregular adjectives
Pronunciation	Consonant tensification at the beginning of a word
Culture	Korean people's favorite hair-styles

제6과 미용실 Beauty Salon

도입 Introduction

1. 여기는 어디입니까? 이 사람들은 무엇을 하고 있어요?

2. 여러분은 최근에 미용실에 가 본 적이 있어요?

대화 & 이야기

1

미용사: 어서 오세요. 뭐 하시려고요?
손 님: 머리 좀 자르려고요.
미용사: 어떻게 잘라 드릴까요?
손 님: 앞머리는 그냥 다듬기만 하고, 옆머리하고 뒷머리는 깔끔해 보이게 잘라 주세요.
미용사: 그럼 옆머리하고 뒷머리는 좀 짧게 잘라 드리면 되겠네요.
손 님: 네. 그리고 조금 밝은 갈색으로 염색도 하고 싶은데 어울릴까요?
미용사: 네. 손님은 얼굴이 하얘서 밝은 색도 잘 어울릴 거예요.
손 님: 그럼, 염색도 해 주세요.

New Vocabulary

머리를 자르다 to cut hair
앞머리 bang
머리를 다듬다 to trim hair
뒷머리 back hair
깔끔하다 to be neat
염색하다 to dye
하얗다 to be white

2

미용사: 어서 오세요. 어떻게 해 드릴까요?
손 님: 굵은 웨이브 파마를 하고 싶은데요.
미용사: 네. 머리 길이는 그대로 두고 파마를 해 드릴까요?
손 님: 요즘 짧은 머리에 굵은 웨이브 파마를 하는 것이 유행이던데요. 머리를 짧게 자르면 손질하기 어려울까요?
미용사: 아니에요. 파마를 하니까 별로 어렵지 않을 거예요.

〈파마가 끝난 후〉

미용사: 어떠세요? 마음에 드세요?
손 님: 예쁘긴 한데 너무 곱슬거리지 않아요?
미용사: 지금은 처음이라서 그렇고요. 며칠이 지나면 자연스러워질 거예요.
손 님: 손질은 어떻게 하면 돼요?
미용사: 머리를 감은 후에 드라이로 말리고 왁스를 조금 발라 주면 돼요.

New Vocabulary

굵다 to be thick
웨이브 curl
파마하다 to get a perm
손질하다 to take care of
곱슬거리다 to be curly
자연스럽다 to look natural
머리를 감다 to wash hair
드라이 dryer
말리다 to dry
왁스 wax

3

대학생인 나. 벌써 대학교 3학년인데 아직까지도 내 머리 모양은 긴 생머리이다. 주위 사람들의 지겹지 않냐는 질문에 대답하는 것에도 지쳤다. '그래. 바꾸자!' 드디어 마음의 결심을 한 나는 몇 년 만에 미용실을 찾았다. 막상 미용실에 들어섰을 때 떨리는 마음. 그렇지만 이제 돌아가기도 어렵다. 얼굴이 작고 동그래서 짧은 파마머리도 잘 어울릴 것이라는 원장 선생님의 이야기에 힘을 얻은 나는 큰맘 먹고 파마를 하기로 했다.

긴 생머리를 짧게 자르고 파마를 하니까 정말 달라 보였다. 낯선 머리 모양 때문에 좀 어색했지만 미용실에 있는 사람들이 모두 훨씬 예쁘다고 하니까 자신감이 생겼다. 미용실을 나와 집으로 가려고 지하철역으로 갔다. 그런데 지하철역에서 지하철을 기다리고 있는데 어떤 아저씨가 나에게 이렇게 이야기했다. "아줌마, 이거 타면 수원까지 가요?"

New Vocabulary

지겹다 to be tired of
지치다 to be exhausted
동그랗다 to be round
원장 hair dresser
큰맘 먹다 to make up one's mind
낯설다 to be unfamiliar
어색하다 to feel awkward
자신감 confidence

한국 사람들이 좋아하는 머리 모양
Korean people's favorite hair-styles

- 여러분은 어떤 머리 모양을 좋아해요? 한국 사람들이 좋아하는 머리 모양은 무엇일까요?
  What kinds of hair-styles do you like? What kinds do Koreans prefer?

- 다음은 한국 사람들이 좋아하는 머리 모양에 대한 글입니다. 여러분의 생각과 같은지 알아보세요.
  The following is a passage about Koreans' favorite hair-styles. Do you agree?

 Koreans of both genders prefer long, straight hair on women. This style has remained popular for many years because it is considered neat and attractively feminine, invoking images of classical romance. Many new hair-styles have been introduced recently, but none has replaced this long and straight style. Most men, on the other hand, keep their hair short, though slightly longer cuts have become the trendy recently.

- 여러분 나라 사람들에게 가장 인기가 있는 머리 모양에 대해 이야기해 보세요.
  Talk about the popular hair-styles in your country.

말하기 연습 Speaking Practice

1 그림을 보고 〈보기〉와 같이 이야기해 보세요.

보기
가 : 머리를 바꾸고 싶은데 어떤 머리가 어울릴까요?
나 : 긴 생머리가 어울릴 것 같아요.

● 머리 모양 Hair-styles

생머리 straight hair
곱슬머리 curly hair
단발머리 bobbed hair
커트 머리 cropped hair
파마머리 permed hair
스포츠머리 crew cut
대머리 bald head
긴 머리 long hair
짧은 머리 short hair

①   ②

③  ④

2 〈보기〉와 같이 이야기해 보세요.

보기
단발머리를 하다
가 : 어떻게 해 드릴까요?
나 : 단발머리를 하고 싶은데요.

① 파마를 하다
② 머리를 다듬다
③ 드라이하다
④ 머리를 깎다
⑤ 밝은 갈색으로 염색하다
⑥ 요즘 유행하는 머리로 하다

● 미용실 이용 At the beauty salon

머리를 하다 to do hair
머리를 자르다 to cut hair
머리를 깎다 to cut hair short
머리를 다듬다 to trim hair
파마하다 to get a perm
염색하다 to dye
드라이하다
to dry/have one's hair styled
층을 내다 to layer
앞머리를 내리다
to get bangs

● Language tip

The expression 머리를 자르다 can be both used in long and short hairs, but 머리를 깎다 can be only used in short hair. Usually, 자르다 is used to describe woman's hair and 깎다 to man's hair.

Beauty Salon

3 〈보기〉와 같이 이야기해 보세요.

> 보기
> **짧다, 자르다**
> 가: 어떻게 해 드릴까요?
> 나: 짧게 잘라 주세요.

• New Vocabulary
말다 to roll

❶ 자연스럽다, 파마하다
❷ 굵다, 말다
❸ 밝다, 염색하다
❹ 너무 밝지 않다, 염색하다
❺ 예쁘다, 자르다
❻ 손질하기 쉽다, 자르다

4 〈보기〉와 같이 이야기해 보세요.

> 보기
> **머리를 풀다**
> 가: 머리 모양이 달라졌네요. 머리 했어요?
> 나: 아니요. 그냥 머리를 풀었어요.

❶ 머리를 묶다　　❷ 핀을 꽂다
❸ 왁스를 바르다　❹ 머리띠를 하다
❺ 드라이를 하다　❻ 머리를 넘기다

• 머리 손질법 Aftercare

머리를 감다 to wash hair
머리를 말리다 to dry hair
머리를 빗다 to comb hair
왁스/무스를 바르다
to apply wax/to spray
머리를 세우다
to set up hair upward
머리를 넘기다
to turn hair over (backward)
머리를 풀다
to lay one's hair down
머리를 묶다 to tie hair
머리를 땋다 to braid hair

• New Vocabulary

핀을 꽂다
to put on a hair pin

[5] 〈보기〉와 같이 이야기하고, 친구의 머리 모양에 대해서 이야기해 보세요.

보기	
어리다	가: 저 머리했는데 어때요? 나: 어려 보여요.

❶ 단정하다 ❷ 깔끔하다
❸ 세련되다 ❹ 귀엽다
❺ 차분하다 ❻ 우아하다

• 외모가 주는 인상
Impression of physical appearance

단정하다 to be tidy
깔끔하다 to be neat
지저분하다 to be messy
세련되다 to be sophisticated
촌스럽다 to be out of style
귀엽다 to be cute
우아하다 to be elegant
차분하다 to be calm

• New Vocabulary

어리다 to be young

[6] 〈보기〉와 같이 이야기해 보세요.

보기	
예쁘다	가: 재은 씨 머리한 거 봤어요? 나: 네, 예쁘던데요.

❶ 차분하다 ❷ 단정하다
❸ 몰라보겠다 ❹ 어울리다
❺ 10년은 젊어 보이다 ❻ 딴 사람 같다

• New Vocabulary

몰라보다 to fail to recognize
젊다 to be young
딴 different

[7] 그림을 보고 〈보기〉와 같이 이야기해 보세요.

가: 은진 씨가 오늘 아주 예쁘게 하고 왔던데요.
나: 저도 봤는데 머리를 파마하고 머리띠를 해서 아주 우아해 보였어요.

❶    ❷

8 〈보기〉와 같이 이야기해 보세요.

> 보기
> 까만색으로 염색 하다 / 하얗다, 안 어울리다
> 가: 나, 까만색으로 염색하고 싶은데 어떨까?
> 나: 너는 얼굴이 하얘서 까만색으로 염색하면 안 어울릴 것 같아.

❶ 밝은 갈색으로 염색하다 / 하얗다, 어울리다
❷ 짧은 단발머리로 자르다 / 동그랗다, 어울리다
❸ 굵게 파마하다 / 동그랗다, 안 어울리다
❹ 까만색으로 염색하다 / 좀 까맣다, 어울리다

• New Vocabulary
까맣다 to be black

• 발음 Pronunciation

Consonant tensification at the beginning of a word

머리를 조금만
　　　　[쪼금만]
잘라 주세요.
[짤라]

Koreans tend to tensify the first consonants ㄱ, ㄷ, ㅂ, ㅅ, ㅈ to [ㄲ, ㄸ, ㅃ, ㅆ, ㅉ] in certain words such as 좀, 조금만, 다른, 자르다, 자장면, 작다, 고추, 생머리, 곱슬머리.

▶ 연습해 보세요.
(1) 가: 원래 생머리예요?
　　나: 아니요. 곱슬머리예요.
(2) 가: 고추가 맵네요.
　　나: 작은 걸 드세요.
(3) 가: 자장면 먹을래요?
　　나: 아니요. 저는 다른 거 먹을래요.

9 친구에게는 어떤 머리가 잘 어울릴 것 같아요? 〈보기〉와 같이 친구에게 어울리는 머리 모양을 추천해 주세요.

> 보기
> 가: 머리 모양을 바꾸고 싶은데요. 어떤 머리가 어울릴까요?
> 나: 소희 씨는 얼굴이 동그라니까 층이 있는 단발머리를 해 보세요. 그러면 지금보다 어려 보일 것 같아요.
> 가: 그래요? 염색도 해 보고 싶은데 어떤 색이 어울릴 것 같아요?
> 나: 까만색으로 한번 해 보세요. 요즘 까만색이 유행이던데요.

활동　　　　　　　　　　　　　　　　　　　　　　　Activity

 Listening_듣기

1　다음은 미용실에서 머리 모양에 대해 이야기하는 대화입니다. 잘 듣고 맞는 그림을 고르세요.
Listen to the people talk about hair-styles at a beauty salon. Listen carefully and choose the correct picture.

ⓐ 　ⓑ 　ⓒ 　ⓓ

1) 여자의 머리 모양은 지금 어떨까요?
　 What is the woman's current hair style?

2) 여자의 머리 모양은 어떻게 바뀔까요?
　 What is the woman's new hair style?

2　다음은 라디오 방송에서 머리 모양에 대한 고민을 상담하는 이야기입니다. 잘 듣고 아래의 내용이 맞으면 O, 틀리면 X에 표시하세요.
Listen carefully and mark the following statements as either O or X.

1) 지금 김미영 씨의 머리 모양은 긴 생머리이다.　　　　　　O　X

2) 김미영 씨는 긴 생머리가 잘 어울린다.　　　　　　O　X

3) 김미영 씨는 앞머리를 자르지 않는 것이 좋다.　　　　　　O　X

4) 김미영 씨는 밝은 갈색으로 염색을 하는 게 좋다.　　　　　　O　X

New Vocabulary

사연 open letter
퍼지다 to spread
효과 effect

Speaking_말하기

1. 그림을 보고 미용사와 손님이 되어 가장 어울릴 것 같은 머리 모양을 함께 이야기해 보세요.
   Imagine that you and your friend are a hair designer and a customer. Look at the picture and discuss which hair-style would suit the customer best.

2. 여러분의 머리 모양에 대해서 이야기해 보세요.
   Talk about your own hair-style.

   ● 다음을 메모해 보세요. Take notes on the following questions.

   1) 여러분은 미용실에 얼마나 자주 가요?
      How often do you go to beauty salon?

   2) 즐겨 하는 머리는 어떤 모양입니까?
      What kind of hair-style do you prefer?

   3) 손질은 어떻게 해요?
      How can you take care of your hair?

   4) 앞으로 머리 모양을 바꾼다면 어떤 모양으로 바꾸고 싶어요? 그 이유는 무엇입니까?
      If you want to change your hair-style, what kind of hair-styles are you looking for? Why?

   ● 메모한 내용을 바탕으로 친구들 앞에서 자신의 머리 모양에 대해 발표해 보세요.
     Based on your notes, make a presentation about your own hair-style.

Reading_읽기

1 다음은 잡지에 실린 글입니다. 잘 읽고 질문에 답하세요.
The following is a magazine article. Read it carefully and answer the questions.

"_____"

요즘 유행하는 영화배우 '김미미'의 머리 모양을 나도 한번 해 볼까? 최신 유행하는 머리 모양을 했는데 왜 나는 그 영화배우처럼 예쁘지 않을까? 나의 얼굴형을 알면 머리 모양이 보인다!

> **New Vocabulary**
> 생기다 to form
> 통통하다 to be chubby
> 가리다 to hide
> 머리끝 hair ends

다른 사람보다 얼굴이 크다고 생각하는 사람에게는 앞머리와 옆머리에 층을 많이 낸 단발머리를 강력 추천. 그리고 얼굴 쪽으로 웨이브가 생기게 드라이를 할 것. 긴 생머리는 큰 얼굴이 더 커 보이니 절대 ㉠금물!

얼굴이 동그랗고 통통한 당신에게는 층을 많이 낸 짧은 커트 머리가 ㉡딱!! 동그란 얼굴을 가리려고 앞머리와 옆머리를 길렀다고요? 얼굴을 가리지만 이렇게 하면 얼굴이 더 동그랗고 통통하게 보인다는 사실. 좀 더 세련된 스타일을 원한다면 웨이브가 많이 생기게 드라이를 하고 왁스를 바를 것.

얼굴이 길어서 슬픈 당신에게는 옆머리와 뒷머리에 층을 낸 후 긴 커트를. 웨이브가 밖으로 생기게 드라이를 한다면 사람들이 얼굴보다 머리끝을 보니까 긴 얼굴 걱정 끝.

1) 이 글의 제목을 만들어 보세요.
   Think of an appropriate title.

2) 이 글을 읽고 자신에게 어울리는 머리 모양을 잘 선택한 사람을 고르세요.
   Read the article above and pick the person who chose the hair-style that suits him/her.

   ❶ 얼굴이 커서 고민인 마이 씨는 긴 생머리로 얼굴을 가렸다.
   ❷ 얼굴이 동그래서 고민인 나타샤 씨는 긴 파마머리를 했다.
   ❸ 얼굴이 길어서 고민인 마리 씨는 밖으로 웨이브가 생기게 드라이를 했다.
   ❹ 유행하는 머리 모양은 대부분 사람들에게 잘 어울리기 때문에 린다 씨는 유행하는 스타일로 머리를 했다.

3) 밑줄 친 ㉠과 ㉡은 어떤 의미일까요?
   What is the meaning of the underlined ㉠ and ㉡?

📝 Writing_쓰기

1 머리 모양을 어떻게 바꾸는 것이 좋을지에 대해 상담하는 글을 써 보세요.
Write a composition asking for advice on choosing a hair-style.

- 여러분의 현재 머리 모양과 바꾸고 싶은 머리 모양에 대해 메모해 보세요.
  Make a note about your current hair-style and your request.

- 여러분의 현재 머리 모양을 설명하고 바꾸고 싶은 머리 모양이 괜찮은지 상담하는 글을 써 보세요. 그리고 옆 친구와 책을 바꾼 후 친구의 머리 모양에 대한 글을 읽고 친구에게 어울리는 머리 모양에 대해 상담해 주는 글을 써 보세요.
  Write a composition asking for advice on your current hair-style. Then exchange your composition with a friend and write responses to each other in which you each describe the hair-style the other should choose.

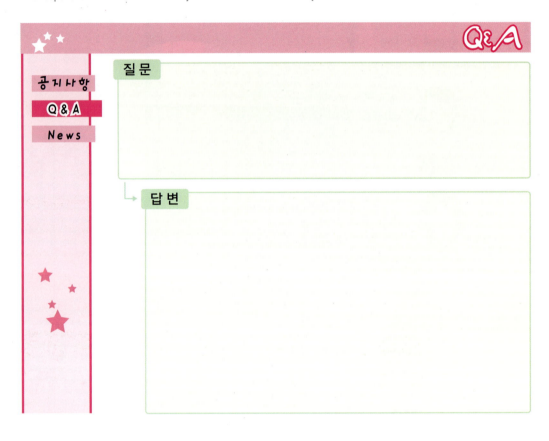

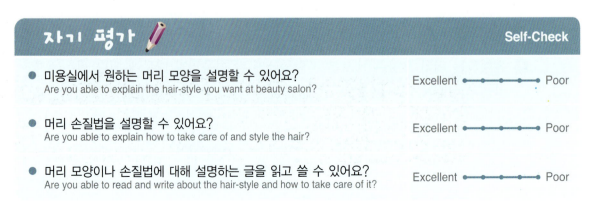

문법　　　　　　　　　　　　　　　　　　　　　　　　　Grammar

1 -게

- -게 is attached to an adjective stem, modifying a following verb.
- In case of 많다, 빠르다, 많이, 빨리 forms are used instead.

    (1) 가 : 어떻게 잘라 드릴까요?
    　　나 : 좀 짧게 잘라 주세요.
    (2) 가 : 깔끔하게 잘라 주세요.
    　　나 : 네. 알겠습니다.
    (3) 가 : 김 선생님 아이 정말 귀엽지요?
    　　나 : 네, 정말 귀엽게 생겼네요.
    (4) 가 : 글씨가 잘 보이세요?
    　　나 : 아니요, 잘 안 보여요. _____.

2 -아/어/여 보이다

- -아/어/여 보이다 is attached to an adjective stem, indicating that the outer appearance is seen as described.
- This takes three forms.
    a. If the stem ends in ㅏ or ㅗ (except for 하다), -아 보이다 is used.
    b. If the stem ends in vowels except for ㅏ or ㅗ, -어 보이다 is used.
    c. In case of 하다 adjective, -여 보이다 is attached, but in general -해 보이다 is more often used than -하여 보이다.

    (1) 가 : 제 머리 모양 어때요?
    　　나 : 어려 보여요.
    (2) 가 : 철민 씨, 머리를 자르니까 깔끔해 보여요.
    　　나 : 고마워요.
    (3) 가 : 수미 씨가 요즘 기분이 좋아 보이지요?
    　　나 : 네. 계속 웃고 다니네요.
    (4) 가 : 어제 잠을 한 시간밖에 못 잤어요.
    　　나 : _____.

Beauty Salon

3 -던데요

- -던데요 is attached to a verb, an adjective or 'noun+이다' and used to express something that the speakers had seen, heard or felt in the past.

- -던데요 is used when witnessing the continuing action or state and -았/었/였던데요 is used when witnessing the action that had already completed.

- -던데요 cannot be used to the first person subject's behavior, but can be used when objectifying the first person subject.

내가 집에 가던데요.(✗)
일어나 보니까 내가 길에서 자고 있던데요.(○)

New Vocabulary
굉장하다 to be striking
미인 a beauty

(1) 가: 미키 씨 머리 한 거 봤어요?
    나: 네. 어려 보이던데요.
(2) 가: 윤호 씨가 머리를 잘랐던데요.
    나: 그래요?
(3) 가: 사라 씨 여동생도 예뻐요?
    나: 네, 굉장한 미인이던데요.
(4) 가: 어제 본 영화 재미있었어요?
    나: 네, _____.

4 ㅎ 불규칙(ㅎ irregular adjectives)

- In case of adjectives with ㅎ stem ending, (except for 좋다), ㅎ gets deleted when followed by ㄴ, ㄹ, ㅁ, ㅅ and ㅏ/ㅓ or ㅑ/ㅕ is changed to ㅐ or ㅒ when combined with -아/어.

파랗 + ㄴ ➡ 파란   파랗 + -아요 ➡ 파래요
하얗 + ㄴ ➡ 하얀   하얗 + -아요 ➡ 하얘요
이렇 + ㄴ ➡ 이런   이렇 + -어요 ➡ 이래요

- However, as for formal speech ending style, 파랗습니다, 빨갛습니다 are used instead of 파랍니다, 빨갑니다.

● The followings are ㅎ irregular adjectives.

하얗다, 까맣다, 빨갛다, 파랗다, 노랗다
이렇다, 그렇다, 저렇다, 어떻다
동그랗다, 커다랗다, 기다랗다

New Vocabulary
파랗다 to be blue
노랗다 to be yellow
이렇다 to be like this
저렇다 to be like that
어떻다 to be in some way
커다랗다 to be big
기다랗다 to be long

(1) 가 : 밝은 갈색으로 염색하고 싶은데 어울릴까요?
　　나 : 손님은 얼굴이 하얘서 잘 어울릴 거예요.
(2) 가 : 노란 장미를 살까요, 빨간 장미를 살까요?
　　나 : 빨간 장미를 사는 게 어때요?
(3) 가 : 빵이 정말 기다라네요.
　　나 : 프랑스에는 이렇게 기다란 빵이 많아요.
(4) 가 : 가을 하늘이 정말 예쁘지요?
　　나 : 네. 하늘이 아주 파래요.
(5) 가 : 얼굴이 많이 까매졌네요.
　　나 : 네. 모자를 안 가지고 갔어요.
(6) 가 : 유리 씨 얼굴이 _____.
　　나 : 사람들 앞에서 말하는 게 부끄러워서 그럴 거예요.

제7과 한국 생활
Living in Korea

Goals
You will be able to comment on your daily life and your experiences in Korea.

Topic	Living in Korea
Function	Talking about what is it like to live in Korea, Explaining the reason, Talking about your experiences
Activity	Listening : Listen to a conversation about a life in Korea, Listen to an interesting experience related to the Korean language
	Speaking : Talk about surprising, interesting things about the life in Korea
	Reading : Read a passage about a funny experience while living in Korea
	Writing : Write about your days in Korea
Vocabulary	Life abroad, Characteristics of the Korean people
Grammar	-아/어/여서 그런지, -나 보다, -(으)ㄴ가 보다, -거든요, -(으)ㄹ 겸
Pronunciation	Consonant tensification after modifier -(으)ㄹ
Culture	When I feel like I am 'almost Korean'

제7과 한국 생활 Living in Korea

도입 Introduction

1. 이 사람들은 무엇을 하고 있어요? 여러분도 이렇게 한 적이 있어요?

2. 한국에서의 생활은 어때요? 한국에서 경험한 재미있는 일이 있어요?

대화 & 이야기　　　　　　　　　　　　　　　　Dialogue & Story

1

수연: 요즘 한국 생활은 어때요? 많이 익숙해졌어요?

유키: 네. 잘 지내고 있어요. 제가 원래 매운 음식을 잘 못 먹어서 처음 한국에 왔을 때는 정말 힘들었거든요. 이제는 김치가 없으면 밥을 못 먹을 정도로 매운 음식도 잘 먹게 됐어요.

수연: 매운 음식이 한번 먹으면 계속 끌리거든요. 알리 씨는 어때요?

알리: 저는 매운 것은 여전히 못 먹지만 한국 생활에는 많이 익숙해졌어요. 처음에는 한국 사람들이 뭐든지 빨리 빨리 하니까 굉장히 힘들었는데, 요즘엔 천천히 하는 사람을 보면 오히려 제가 답답해져요.

유키: 맞아요, 맞아. 그건 저도 그래요. 일 년도 안 됐는데 벌써 이렇게 바뀐 걸 보면 신기해요.

> **New Vocabulary**
> 원래 originally
> 끌리다 to be attracted
> 여전히
> (be) as (it) used to be
> 답답하다 to feel impatient
> 오히려 rather

2

루징: 나 정말 바보인가 봐. 아무리 공부를 해도 한국어 실력이 늘지를 않아.

위엔: 안 늘기는. 내가 볼 때는 많이 는 것 같은데.

루징: 그런데 내 생각에는 왜 계속 그대로인 것 같지? 이제 한국어 공부도 재미없어지고 한국 음식도 먹기 싫어졌어.

위엔: 드디어 너한테도 슬럼프가 왔나 보다. 나도 한국에 온 지 반 년쯤 됐을 때 너처럼 그랬어. 집에 돌아가고 싶고 그렇지?

루징: 응. 맞아. 너도 그랬어? 그럼 그때 어떻게 했어?

위엔: 사실 특별히 한 것은 없고 시간이 지나면서 그냥 사라졌어. 그런데 뭔가 변화를 주는 것도 좋을 것 같아. 모든 것에 너무 익숙해져서 그럴지도 모르니까.

루징: 그런가? 그럼 기분 전환도 할 겸 근처에 여행이나 가 볼까?

> **New Vocabulary**
> 바보 fool
> 슬럼프 slump
> 변화 change
> 기분 전환
> diversion/relaxation

Living in Korea **119**

3

한국에 처음 도착했을 때 겨울이 다가오고 있었다. 혼자이고 외국 생활이 낯설어서 그런지 추위를 많이 탔다. 그래서 겨울옷도 사고 한국어 연습도 할 겸 쇼핑을 하기로 했다.

마침 학교 앞에 옷가게처럼 보이는 한 가게를 발견했다. 그곳에는 옷들이 많이 걸려 있었고 가게의 주인처럼 보이는 한 아저씨가 밖에 나와 옷들을 정리하고 있었다.

내가 아저씨에게 옷이 얼마냐고 물어봤는데 아저씨가 나를 보며 이상한 표정을 지었다. 내 한국어 발음이 이상해서 그러는 줄 알고 다시 한 번 큰 소리로 또박또박 말했다. "이 옷 얼마예요?" 그 말을 들은 아저씨는 크게 웃으면서 나에게 가게의 간판을 가리켰다. 그곳에는 '세탁소'라고 쓰여 있었다.

New Vocabulary

추위를 타다 to be sensitive to cold
발견하다 to discover
주인 owner
정리하다 to organize
또박또박 accurately
간판 signboard

한국 사람이 다 되었다고 느낄 때
When I feel like I am 'almost Korean'

- 여러분은 한국어를 공부하면서 한국인과 한국 생활에 익숙해졌어요? 한국인의 특징에는 뭐가 있을까요?
  How much have you assimilated to life in Korea? What are some noticeable Korean habits that foreigners sometimes adopt?

- 다음은 한국에 사는 외국인들이 한국 사람이 다 되었다고 느낄 때를 이야기한 내용입니다. 여러분도 동의하는 내용이 있는지 확인해 보세요.
  Some foreigners report feeling 'almost Korean' at moments like those listed below. Do you agree?

- saying "아이고" (oh my gosh) when startled
- bowing when seeing elders
- saying "오라이~, 오라이~" when a friend is pulling a car out of a parking space
- feeling something is missing when there is no kimchi on the table
- recognizing 아줌마 by their curly, permed hair
- wearing a white face mask when cold
- cutting steak or pasta by kitchen scissors

- 여러분도 이렇게 한국 사람이 다 되었다고 느낀 적이 있어요? 혹은 한국에서 2년 정도 생활을 한다면 여러분의 모습이 어떻게 달라질 것 같아요? 한국 사람의 행동 중에서 아무리 시간이 지나도 따라할 수 없는 것이 있어요? 소개해 주세요.
  Have you ever thought of yourself as becoming Korean? If you were to live in Korea for 2 years, what kind of changes do you think you would undergo? Which Korean behaviors do you feel you can never imitate? Discuss it with the class.

말하기 연습   Speaking Practice

1 〈보기〉와 같이 이야기해 보세요.

> **보기**
> 물가가 비싸다, 힘들다
> 가: 한국 생활이 어때요?
> 나: 물가가 비싸서 힘들어요.

① 물가가 생각보다 싸다, 좋다
② 맛있는 음식이 많다, 행복하다
③ 새로운 사람을 많이 만나다, 재미있다
④ 말이 통하지 않다, 답답하다
⑤ 가족과 떨어져 살다, 외롭다
⑥ 날씨가 춥다, 힘들다

● 외국 생활 Life abroad

물가가 싸다/비싸다
(prices) to be low/high
말이 통하지 않다
to be unable to communicate
문화가 다르다
culture is different
음식이 입에 맞지 않다
food does not suit one's taste
어디가 어딘지 잘 모르다
to be unfamiliar with the area
가족과 떨어져 살다
to live apart from family
기후가 다르다
climate is different
새로운 생활을 하다
to live a new life

2 〈보기〉와 같이 이야기하고, 한국 생활에 대해 친구와 묻고 대답해 보세요.

> **보기**
> 한국 친구가 많다, 외롭지 않다
> 가: 한국 생활이 어때요?
> 나: 한국 친구가 많아서 그런지 외롭지 않아요.

① 기후가 많이 다르다, 몸이 자주 아프다
② 문화가 비슷하다, 외국 같지 않다
③ 외국 생활이 처음이다, 모든 게 힘들다
④ 여러 번 여행을 오다, 낯설지 않다
⑤ 성격이 둔하다, 별 어려움을 못 느끼다
⑥ 음식이 맵다, 배탈이 자주 나다

● New Vocabulary

둔하다 to be oblivious

3 〈보기〉와 같이 이야기해 보세요.

> 보기
> 좋은 일이 있다 / 고향에서 부모님이 오시다
>
> 가: 좋은 일이 있나 봐요.
> 나: 네. 고향에서 부모님이 오세요.

• New Vocabulary
(장학금을) 타다 to receive (a scholarship)

❶ 기쁜 일이 있다 / 장학금을 탔다
❷ 한국어 공부를 열심히 하다 / 말하기 연습을 많이 하다
❸ 한국 음식을 잘 먹다 / 특히 비빔밥을 좋아하다
❹ 많이 힘들다 / 외국 생활이 처음이라서 힘들다
❺ 한국 생활이 불편하다 / 날씨가 너무 추워서 그렇다
❻ 안 좋은 일이 있다 / 친구하고 싸웠다

4 〈보기〉와 같이 이야기해 보세요.

> 보기
> 바보이다 / 오늘도 문제를 잘못 읽어서 시험을 잘 못 봤다
>
> 가: 어떡해. 나 정말 바보인가 봐.
> 나: 무슨 일인데?
> 가: 오늘도 문제를 잘못 읽어서 시험을 잘 못 봤어.

• New Vocabulary
천재 genius
철이 없다 to not act one's age
운 luck
줍다 to pick up

❶ 머리가 나쁘다 / 전에 산 책을 오늘 또 샀다
❷ 천재이다 / 한 번 본 게 다 기억이 나다
❸ 정신이 없다 / 면접이 있는데 청바지를 입고 왔다
❹ 철이 없다 / 한 달 생활비를 노는 데 다 썼다
❺ 슬럼프이다 / 하고 싶은 일이 하나도 없다
❻ 운이 좋다 / 오늘도 길에서 돈을 주웠다

5 〈보기〉와 같이 이야기해 보세요.

> 보기
> 한국 친구가 많다 /   가: 한국 친구가 많은가 봐요.
> 성격이 좋다   나: 네. 성격이 좋거든요.

① 요즘 생활이 힘들다 / 물가가 많이 올랐다
② 한국 음식을 좋아하다 / 한국 음식이 입에 잘 맞다
③ 한국 생활이 즐겁다 / 새로운 경험을 많이 하다
④ 지금 사는 곳이 마음에 들다 / 기숙사 방보다 크다

6 〈보기〉와 같이 이야기해 보세요.

> 보기
> 기역, 니은도 모르다
> 가: 한국 생활에 익숙해졌어요?
> 나: 네. 처음에는 기역, 니은도 몰랐거든요. 그런데 이제는 별 불편함이 없어요.

- New Vocabulary

길을 잃다 to lose one's way

① 한국 사람이 하는 말을 하나도 이해하지 못하다
② 음식이 입에 안 맞아서 고생하다
③ 길을 잃을까 봐 아무 데도 못 가다
④ 기후가 달라서 자주 아프다

7 무슨 이유로 한국 사람이 다음과 같은 특징을 가지고 있다고 생각할까요? 〈보기〉와 같이 이야기해 보세요.

> 보기
> 흥이 많다
> 가: 한국 사람은 흥이 많은 것 같아요.
> 나: 왜 그렇게 생각해요?
> 가: 노래방에서 정말 재미있게 놀잖아요.

- 한국인의 특징
Characteristics of the Korean people

정이 많다
to be warm-hearted
흥이 많다 to be cheerful
부지런하다 to be diligent
잘 뭉치다
to be united together strongly
성격이 급하다
to be quick-tempered
유행에 민감하다
to be sensitive to trend
남의 시선을 의식하며 살다
to be aware of public gaze

① 정이 많다   ② 부지런하다
③ 성격이 급하다   ④ 유행에 민감하다

Living in Korea

8 〈보기〉와 같이 이야기해 보세요.

보기
기분 전환도 하다,
쇼핑하러 가다

가: 제가 요즘 슬럼프에 빠졌나 봐요.
나: 그럴 때는 생활에 변화를 줘 보세요.
가: 그럼 기분 전환도 할 겸 쇼핑하러 갈까?

● New Vocabulary

휴식을 취하다 to take a rest
바람을 쐬다 to get some fresh air

❶ 휴식도 취하고 바람도 쐬다, 여행을 가다
❷ 친구도 사귀고 취미 활동도 하다, 동아리에 들어가 보다
❸ 한국말 연습도 하고 돈도 벌다, 아르바이트를 해 보다
❹ 운동도 하다, 학교에 걸어 다니다

● 발음 Pronunciation

Consonant tensification after modifier -(으)ㄹ

수영도 할 겸 바다에
         [껌]
갈 거예요.
  [꺼]

If the determinative marker -(으)ㄹ indicating the future or a conjecture is followed by a noun with the first consonant of ㄱ, ㄷ, ㅂ, ㅅ, ㅈ, that consonant is tensified to [ㄲ, ㄸ, ㅃ, ㅆ, ㅉ] in pronunciation.

▶ 연습해 보세요.
(1) 가: 전주는 볼거리, 먹을거리가 참 많아요.
    나: 그럼, 바람도 쐴 겸 전주에 갈까요?
(2) 가: 스키 탈 수 있어요?
    나: 올림픽 나갈 정도는 타지요.
(3) 가: 길이 막힐 줄 알았는데, 괜찮네요.
    나: 약속 시간보다 훨씬 일찍 도착하겠어요.

9 여러분은 지금까지 한국어를 공부하면서 달라진 점이 있어요? 한국어 공부와 한국 생활에 대해 〈보기〉와 같이 친구와 이야기해 보세요.

보기
가: 다카코 씨는 한국어도 빨리 배우고 한국 음식도 잘 먹고 한국 생활이 잘 맞나 봐요.
나: 그래 보여요? 전부터 외국 생활을 해 보고 싶었거든요. 그래서 그런지 낯선 생활이 아주 즐거워요. 홍위 씨는 안 그래요? 홍위 씨를 보면 한국 사람이 다 된 것처럼 보이는데요.
가: 처음보다 익숙해진 건 맞는데 요즘은 모든 게 시시해졌어요. 한국어 공부도 예전처럼 재미가 없고요. 슬럼프인가 봐요.
나: 그럴 수도 있겠네요. 그럼 생활에 변화를 줘 보면 어때요? 기분 전환도 할 겸 여행을 갔다 와도 좋고요.
가: 그거 좋은 생각인데요.

● New Vocabulary

시시하다 to be dull

| 활동 | Activity |

1 다음은 한국 생활에 대해 이야기하는 대화입니다. 잘 듣고 아래의 내용이 맞으면 O, 틀리면 X에 표시하세요.
Listen to the people talk about the life in Korea. Listen carefully and mark the following statements as either O or X.

1) 여자는 2002년에 여행도 하고 축구도 보러 한국에 왔다.   O X
2) 여자는 한국인의 응원하는 모습에 감동을 받았다.   O X
3) 여자는 한국 생활이 여전히 낯설다.   O X

New Vocabulary
국민 citizen
열정적이다 to be passionate

2 어느 유학생이 한국 생활 경험에 대해 이야기하고 있습니다. 잘 듣고 아래의 내용이 맞으면 O, 틀리면 X에 표시하세요.
Listen to the narration about a foreign student's experience of living in Korea. Listen carefully and mark the following statements as either O or X.

1) 이 사람은 가족에게 한국어를 가르친다.   O X
2) '어'라는 말은 여러 가지 의미로 쓰일 수 있다.   O X
3) 이 사람은 한국어로 전화를 하는 것을 힘들어한다.   O X

New Vocabulary
요긴하다 to be essentially important
심지어 what is more

Living in Korea **125**

🎤 Speaking_말하기

1 한국에 살면서 또는 한국어를 공부하면서 어떤 점이 놀랍고 어떤 점이 좋은지 이야기해 보세요.
What do you like most about Korea and/or the Korean language? What surprises you the most?

- 4~5명이 한 조가 되어 다음 주제로 이야기해 보세요.
  Get into groups of 4~5 people and talk about the following topics.

  1) "한국, 이것이 좋다!"
  2) "한국, 이런 것이 놀랍다!"

- 조별로 나눈 이야기를 발표하고 가장 많이 나온 의견을 순서대로 정리해 보세요.
  Present your group's opinion talk and write the top 3 opinions in order.

순위	한국, 이것이 좋다!	순위	한국, 이런 것이 놀랍다!
👍		👍	
✌️		✌️	
✌️		✌️	

- 가능하다면, 실제 외국인에게 설문 조사를 해 보세요.
  If possible, conduct an actual survey to foreigners.

2 여러분의 한국 생활에 대해 발표해 보세요.
Make a presentation about your life in Korea.

- 다음에 대해 생각하고 메모해 보세요.
  Consider the following questions and take notes.

  1) 요즘 한국 생활은 어때요? 그 이유는 무엇입니까?
     How is your life in Korea these days? Why?

  2) 가장 재미있거나 즐거운 일은 무엇입니까?
     What is the most interesting or pleasant thing?

  3) 가장 힘든 점은 무엇입니까? 한국 생활의 어려움을 해결하기 위한 방법으로 무엇이 있을까요? 필요하면 친구에게 조언을 구하세요.
     What is the most difficult thing? What needs to be done in order to overcome the difficulty with living in Korea? If necessary, ask a friend for advice.

- 메모한 내용을 바탕으로 여러분의 한국 생활에 대해 발표해 보세요.
  Based on your notes, make a presentation about your life in Korea.

📖 Reading_읽기

1 다음은 한국 생활의 재미있는 경험에 대한 글입니다. 잘 읽고 질문에 답하세요.
The following passage is about an interesting experience that happened in Korea. Read it carefully and answer the questions.

> 한국어 실력도 많이 늘고 한국 생활에도 익숙해진 지금, 나는 재미있는 경험을 많이 한다. 어제는 이런 일이 있었다. 보통은 운동도 할 겸 계단을 이용하는데 어제는 시간이 없어서 엘리베이터를 탔다. 닫히려는 문을 열고 타서 그런지 엘리베이터 안에 있는 사람들이 좀 놀란 것 같았다.
>
> 엘리베이터를 타고 올라가고 있는데 내 등 뒤에서 어떤 여고생이 자기 친구에게 이렇게 말하는 소리가 들렸다.
>
> "이 외국인 키도 크고 진짜 잘생겼다. 그치?"
>
> 다른 때 같으면 조용히 있었을 텐데, 오늘은 그 말을 듣고 뒤를 돌아보며 이렇게 말했다.
>
> "고마워요. 우리나라에서는 그런 말을 들어본 적이 없거든요."
>
> ㉠얼굴이 빨개진 여고생의 얼굴을 보며 나는 즐거운 마음으로 엘리베이터에서 내렸다.

1) 글의 내용과 맞는 것을 고르세요.
   Choose the correct answer.

   ❶ 여고생은 이 외국인과 아는 사이이다.
   ❷ 이 외국인은 줄을 서서 엘리베이터를 탔다.
   ❸ 여고생은 이 외국인이 한국말을 모르는 줄 알았다.
   ❹ 이 외국인은 문화 차이 때문에 한국 생활이 힘들다.

2) ㉠의 이유로 알맞은 것을 고르세요.
   What is the reason for ㉠?

   ❶ 슬프다   ❷ 아프다
   ❸ 무섭다   ❹ 창피하다

Writing_쓰기

1 한국 생활에 대해 글을 써 보세요.
Write a composition about life in Korea.

● 다음에 대해 친구와 묻고 대답해 보세요.
Read the following questions and talk with your friend.

1) 여러분은 한국에 온 지 얼마나 됐어요? 이제 한국 생활에 많이 익숙해졌어요?
How long have you been in Korea? How much have you assimilated to life in Korea?

2) 한국 생활을 하면서 힘들었던 적이 있어요? 그것을 어떻게 극복했어요? 그리고 한국 생활을 하면서 익숙해지지 않는 것이 있다면 무엇입니까?
Have you felt difficulty while living in Korea? How did you overcome it? And if there is something you can't get used to while living in Korea, what is it?

● 위에서 이야기한 내용을 바탕으로 다음 문장에 이어 여러분의 한국 생활에 대한 글을 써 보세요.
Based on your discussion above, write a composition about your life in Korea.

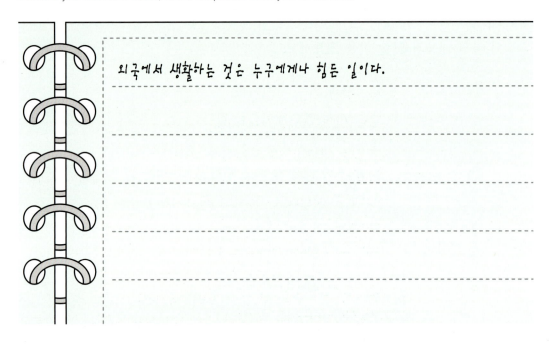

외국에서 생활하는 것은 누구에게나 힘든 일이다.

자기 평가 — Self-Check

● 한국 생활에 대해 이야기할 수 있어요?
Are you able to talk about your life in Korea?
Excellent ●——●——● Poor

● 한국 생활에 대한 글을 읽고 쓸 수 있어요?
Are you able to read and write a composition about life in Korea?
Excellent ●——●——● Poor

문법 Grammar

1 -아/어/여서 그런지

- -아/어/여서 그런지 is attached to a verb, an adjective or 'noun+이다', indicating an unsure reason.

- This takes three forms.
  a. If the stem ends in ㅏ or ㅗ (except for 하다), -아서 그런지 is used.
  b. If the stem ends in vowels except for ㅏ or ㅗ, -어서 그런지 is used.
  c. In case of 하다 verb or adjective, -여서 그런지 is attached, but in general -해서 그런지 is more often used than -하여서 그런지.

- In case of 'noun+이다', 'noun+(이)라서' form is more often used than 'noun+(이)어서'.

(1) 가: 한국 생활이 어때요?
    나: 한국에 오래 살아서 그런지 전혀 불편하지 않아요.
(2) 가: 한국 생활이 힘들어요?
    나: 네, 물가가 생각보다 비싸서 그런지 힘들어요.
(3) 가: 왜 이렇게 집중을 못 해요?
    나: 모르겠어요. 봄이라서 그런지 너무 졸려요.
(4) 가: 기분이 안 좋아 보여요.
    나: _____.

> **New Vocabulary**
> 집중하다 to concentrate

2 -나 보다, -(으)ㄴ가 보다

- -나 보다 and -(으)ㄴ가 보다 indicate a conjecture after witnessing a certain situation.

- While -것 같다 can be used to express passively something that a speaker has experienced, -나 보다 and -(으)ㄴ가 보다 is not used to indicate something that the speaker actually experienced.

가: 이 영화 봤어요?
나: 네, 봤어요. 지난주에 봤는데 정말 재미있나 봐요. (✗)
가: 이 영화 봤어요?
나: 네, 봤어요. 지난주에 봤는데 정말 재미있는 것 같아요. (○)

Living in Korea **129**

- This takes two forms.
  a. -(으)ㄴ가 보다 is attached after an adjective or 'noun+이다'. If the stem ends in a vowel or ㄹ, -ㄴ가 보다 is used and if it ends in a consonant (except for ㄹ), -은가 보다 is used.

  b. -나 보다 is attached after a verb, the present tense form of adjectives ending with 있다/없다 and -겠- and -았/었-.

(1) 가: 김치를 좋아하나 봐요. 잘 먹네요.
    나: 네. 원래 매운 음식을 좋아해요.
(2) 가: 영진 씨가 많이 아픈가 봐요.
    나: 왜요? 오늘도 출근을 안 했어요?
(3) 가: 한국에 산 지 오래됐나 봐요.
    나: 네. 한국에 온 지 벌써 십 년도 넘었어요.
(4) 가: 사장님께서 많이 늦으시네요.
    나: 안 오실 건가 봐요. 지금까지 아무 연락도 없는 걸 보면.
(5) 가: _____. 사람들이 우산을 쓰고 다녀요.
    나: 그래요? 우산도 안 가져왔는데.
(6) 가: 이 책 누구 거예요?
    나: _____. 여기에 이름이 쓰여 있네요.

3 -거든요

- -거든요 is attached to a verb, an adjective or 'noun+이다' and used to explain something that the listener does not know.

(1) 가: 한국말을 참 빨리 배우시네요.
    나: 네. 제가 외국어 공부하는 것을 좋아하거든요.
(2) 가: 왜 이렇게 많이 사?
    나: 여기가 다른 데보다 많이 싸거든.
(3) 가: 무슨 좋은 일이 있어요? 얼굴이 밝아 보이네요.
    나: 네. 이번에 승진을 했거든요.
(4) 가: 오늘도 김밥을 먹어요?
    나: _____.

4 **– (으)ㄹ 겸**

- -(으)ㄹ 겸 is attached to a verb stem, indicating that the preceding clause is the object of the following clause. Generally, 'A도 하고 B도 할 겸' form is often used, indicating two objects or more.

- This takes two forms.
    a. If the stem ends in a vowel or ㄹ, -ㄹ 겸 is used.
    b. If the stem ends in a consonant (except for ㄹ), -을 겸 is used.

(1) 가 : 공부도 하기 싫고 답답하다.
    나 : 그럼 우리 기분 전환도 할 겸 노래방에 갈까?
(2) 가 : 어디 가요?
    나 : 네, 책도 사고 영화도 볼 겸 시내에 가요.
(3) 가 : 주말에 뭐 했어요?
    나 : 바람도 쐬고 사진도 찍을 겸 바닷가에 갔다 왔어요.
(4) 가 : 왜 한국에 왔어요?
    나 : _____.

제8과 분실물
Lost Item

Goals
You will be able to explain about the lost item and how you lost it.

Topic	Lost and found
Function	Finding the lost item at a lost and found office, Describing the lost item
Activity	Listening : Listen to a conversation describing the lost item, Listen to an announcement notifying the lost item
	Speaking : Ask and answer questions about the lost item, Talk about your experience of losing something
	Reading : Read a public notice of the lost item
	Writing : Write a public notice of the lost item
Vocabulary	Lost and found, How you lost the item, Types of bags, Patterns, Components, Materials
Grammar	-만 하다, -자마자, -(이)라도
Pronunciation	Consonant tensification in Sino-Korean compound
Culture	Oops! I left something on the subway.

제8과 분실물 Lost Item

도입 Introduction

1. 여기는 어디입니까? 이 사람은 여기에 왜 왔을까요?

2. 여러분은 물건을 잘 잃어버리는 편입니까? 지금 가지고 있는 가방을 잃어버렸다면 어떻게 이야기할 것입니까?

대화 & 이야기

Dialogue & Story

1

위엔: 어떡해! 지갑이 아무리 찾아도 없어.

윤호: 지갑? 아까 식당에 두고 온 것 아니야?

위엔: 그런 것 같아서 수업이 끝나자마자 식당에 다시 가 봤는데 없었어.

윤호: 그래? 그럼 아무래도 걸어오다가 어디에 떨어뜨렸나 보다. 지갑 안에 돈이 많이 있었어?

위엔: 돈은 많지 않은데, 외국인등록증하고 신용 카드가 들어 있어.

윤호: 그럼 신용 카드 분실 신고부터 해야겠다. 그리고 혹시 모르니까 다시 한번 가 보자.

위엔: 그래. 다른 건 몰라도 신분증이라도 찾았으면 좋겠는데.

New Vocabulary

어떡해. what should I do.
두다 to leave (something somewhere)
떨어뜨리다 to drop
외국인등록증 foreigner registration card
분실 신고 report of the lost item

2

직 원: 네. 지하철 유실물센터입니다. 뭘 도와 드릴까요?

미즈키: 제가 오늘 지하철에 가방을 두고 내렸거든요.

직 원: 정확한 시간과 위치가 기억나세요?

미즈키: 봉화산 행 지하철인데, 지하철 맨 앞 칸에 탔고요. 8시 30분쯤 안암역에서 내렸어요.

직 원: 가방은 어떤 모양이에요?

미즈키: 네모난 서류 가방이에요.

직 원: 색깔은요?

미즈키: 전체적으로 까만색이고 손잡이 부분이 갈색인 가죽 가방이에요. 가방 안에 손바닥만 한 지갑도 들어 있어요.

직 원: 아직 분실물이 들어오지는 않았는데, 연락처 남겨 주시면 연락드리겠습니다.

New Vocabulary

유실물센터 lost and found
맨 the very
칸 unit of space
모양 shape
네모나다 to be squared
서류 가방 briefcase
손잡이 handle
가죽 leather
분실물 lost item

3

오늘 집에 오는 길에 택시를 탔다가 택시에 휴대 전화를 놓고 내렸다. 택시에서 내리자마자 전화를 하려고 전화기를 찾았는데 주머니가 허전한 것이었다.

전화기 안에 저장되어 있는 전화번호가 많아 전화기를 꼭 찾아야 했다. 그런데 택시는 이미 떠났고 어디에 가서 어떻게 찾아야 할지 너무 막막했다.

당황해서 집 앞에서 서성이고 있는데 멀리서 택시 한 대가 내 쪽으로 다가왔다. 자세히 보니 조금 전에 내가 탔던 그 택시였다. 택시 기사 아저씨가 휴대 전화를 발견하고 고맙게도 내가 내렸던 그 장소로 다시 돌아오신 것이었다.

> **New Vocabulary**
>
> 놓다 to place (something somewhere)
> 주머니 pocket
> 허전하다 to feel empty
> 저장되다 to be saved
> 막막하다 to feel helpless
> 서성이다 to hang around
> 대 counter unit for cars or instruments

아이구! 지하철에 물건을 놓고 내렸네.
Oops! I left something on the subway.

- 지하철에 물건을 놓고 내린 적이 있어요? 어떤 물건이었어요? 한국 사람들은 어떤 물건을 가장 많이 놓고 갈까요?
  Have you ever left something on the subway? Which items do Korean people leave behind the most?

- 지하철에 물건을 놓고 내렸을 때 어떻게 하면 좋을지 다음 글을 읽어 보세요.
  Read the following to learn what to do when you lose something on the subway in Korea.

According to Seoul Metro, the most commonly lost items are bags (28.6%), electronics, such as cell phones and MP3 players (13.4%) and clothes (10.5%).
If you notice you've lost something right after you get off the train, contact the station office. The fastest way to check for your lost item is to give the office the number of the train and the individual car you took. The 4-digit train number is posted in every car. If you do not know which car you took, check the number of the platform at the spot where you stepped off. The platform number is the car number. If, on the other hand, some time passes before you realize that you've lost an item, report it to the final station on the route you were taking. The final station collects all lost items and keeps them for one day; after that, it sends them to the lost and found.

- 여러분 나라에서는 물건을 잃어버리면 어떻게 해요?
  When you lose something in your country, what do you do?

말하기 연습 Speaking Practice

1 〈보기〉와 같이 이야기해 보세요.

> 보기
> 지갑, 분실하다
> 가: 어떻게 오셨어요?
> 나: 지갑을 분실했어요.

분실 · 습득 Lost and found

잃어버리다 to lose
분실하다 to lose
줍다 to pick up
습득하다 to find/pick up

① 가방, 잃어버리다
② 손수건, 잃어버리다
③ 노트북, 분실하다
④ 사전, 분실하다
⑤ 지갑, 줍다
⑥ 휴대 전화, 습득하다

2 〈보기〉와 같이 이야기해 보세요.

> 보기
> 지갑 /
> 식당에서는 가지고 있다 /
> 식당에 두고 오다
> 가: 지갑이 안 보여요.
> 나: 아까 식당에서는 가지고 있었잖아요.
> 가: 식당에 두고 왔나 봐요.

분실 경위 How you lost the item

빠지다 to fall out
흘리다 to drop
두다 to leave (something somewhere)
놓다 to place (something somewhere)

New Vocabulary

선반 overhead rack

① 지갑 / 커피숍에서 계산하다 / 계산하고 거기에 두고 오다
② 노트북 / 지하철 선반에 올려놓다 / 그냥 놓고 내리다
③ 가방 / 택시 탈 때도 있다 / 택시에 놓고 내리다
④ 우산 / 손에 들고 있다 / 화장실에 놓고 오다
⑤ 지갑 / 집에서 나올 때 갖고 있다 / 오다가 흘리다
⑥ 열쇠 / 주머니에 넣다 / 주머니에서 빠지다

3. <보기>와 같이 이야기해 보세요.

보기

가: 가방이 어떻게 생겼어요?
나: 여행용 가방이고요.
　　체크무늬예요.

가방 종류 Types of bags

서류 가방 / 핸드백
배낭 / 여행용 가방
어깨에 메는 가방

❶

❷

❸

❹

무늬 Patterns

줄무늬 / 물방울무늬
체크무늬 / 꽃무늬

❺

❻

부속물 Components

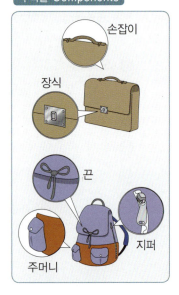

손잡이, 장식, 끈, 주머니, 지퍼

New Vocabulary

메다
to put on (a shoulder bag, a backpack, etc.)

4 <보기>와 같이 이야기하고, 친구의 물건에 대해 물어보세요.

보기

가: 무엇으로 만든 거예요?
나: 가죽으로 만든 거예요.

가죽

• 재질 Materials

금 gold
은 silver
쇠 metal
가죽 leather
천 fabric
플라스틱 plastic
비닐 vinyl
종이 paper
나무 wood
돌 stone

❶ 천
❷ 비닐
❸ 금
❹ 플라스틱
❺ 돌
❻ 쇠

Lost Item

5 〈보기〉와 같이 이야기해 보세요.

> 보기
> 가방 / 이 책
> 가: 가방이 얼마만 해요?
> 나: 이 책만 해요.

❶ 가방, 저 가방
❷ 지갑, 이
❸ 노트북, 이
❹ 동생 키, 영진 씨
❺ 책상, 저것 반
❻ 방, 여기 두 배

• Language tip

The following idiomatic expressions are used when exaggerating the size.

손바닥만 하다
to be tiny as the palm of a hand

운동장만 하다
to be big as a sports field

코딱지만 하다
to be as tiny as nose wax

배가 남산만 하다
one's tummy is as big as Namsan mountain

월급이 쥐꼬리만 하다
low salary like a rat's tail

얼굴이 주먹만 하다
face as small as one's fist

6 〈보기〉와 같이 이야기하고, 여러분의 가방에는 무엇이 들어 있는지 친구와 묻고 대답해 보세요.

> 보기
> 지갑, 책 몇 권
> 가: 가방 안에 뭐가 들어 있어요?
> 나: 지갑하고 책 몇 권이 들어 있어요.

❶ 신분증, 카드
❷ 책, 사전, 노트
❸ 옷, 책, 세면도구
❹ 열쇠, 명함 몇 장
❺ 학생증, 돈 몇 만 원
❻ 화장품, 집 열쇠

• New Vocabulary

세면도구 toiletries

• 발음 Pronunciation

Consonant tensification in Sino-Korean compound

신분증   학생증
 [쯩]   [쯩]

There are many Sino-Korean syllables such as 증, 과, 점, 격 that are always tensified to [쯩], [꽈], [쩜], [껵] when combined with other words as in 신분증, 학생증, 국문과, 문제점 and 성격.

▶ 연습해 보세요.

(1) 가: 신분증도 있었습니까?
    나: 네, 외국인등록증하고 학생증이 있어요.
(2) 가: 이 책의 장점을 말해 보세요.
    나: 실제성과 체계성이 장점이에요.
(3) 가: 그 학교 영화과는 어떤 성격이에요?
    나: 영화 제작 중심으로 가르쳐요.

7 〈보기〉와 같이 이야기해 보세요.

> 보기
> 수업이 끝나다, 가 보다, 없다
> 가: 지갑을 아직 못 찾았어요?
> 나: 네. 수업이 끝나자마자 가 봤는데 없었어요.

❶ 잃어버린 것을 알다, 돌아가다, 없다
❷ 잃어버리다, 신고하다, 못 찾다
❸ 지하철에서 내리다, 알다, 이미 늦다

8 〈보기〉와 같이 이야기해 보세요.

> **보기**
> 지갑 /
> 지갑 안에 있는
> 신분증
>
> 가: 지갑을 아직 못 찾았어요?
> 나: 네. 다른 건 몰라도 지갑 안에 있는 신분증이라도 찾았으면 좋겠는데…….

• **New Vocabulary**
끼우다
to tuck (something) in

❶ 가방 / 친구한테 빌린 책
❷ 수첩 / 수첩에 끼워 놓은 사진
❸ 휴대 전화 / 저장해 둔 전화번호
❹ 가방 / 오늘 제출할 서류
❺ 노트북 / 어제 작성한 보고서
❻ 지갑 / 지갑 안의 가족사진

9 자기 가방을 잃어버렸다고 생각하고 가방을 잃어버린 경위와 가방의 모양과 크기, 재질에 대해 〈보기〉와 같이 설명해 보세요.

> **보기**
> 가: 무슨 일이 있어요?
> 나: 가방이 안 보여요. 아까 버스에 놓고 내렸나 봐요.
> 가: 가방이 어떻게 생겼는데요?
> 나: 어깨에 메는 핸드백인데, 파란색 가죽 가방이에요. 크기는 이 책만 하고요.
> 가: 신고부터 해야겠네요.
> 나: 다른 건 몰라도 가방 안에 있는 지갑이라도 찾았으면 좋겠는데요…….

활동　　　　　　　　　　　　　　　　　　　　　　　　　Activity

1 다음은 지하철 유실물센터에서의 대화입니다. 잘 듣고 질문에 대답하세요.
Listen to the conversation in a subway's lost and found office. Listen carefully and answer the questions.

　1) 아래의 내용이 맞으면 ○, 틀리면 × 에 표시하세요.
　　 Listen carefully and mark the following statements as either O or X.

　　　(1) 이 사람은 잃어버린 가방을 찾았다.　　　○　×
　　　(2) 이 사람은 고려대학교에서 가방을 잃어버렸다.　○　×
　　　(3) 이 사람의 가방 안에는 사전과 책이 들어 있다.　○　×

　2) 잃어버린 가방으로 맞는 것을 고르세요.
　　 Choose the bag that has been lost.

2 다음은 라디오 방송입니다. 잘 듣고 질문에 대답하세요.
Listen to the radio program. Listen carefully and answer the questions.

　1) 아래의 내용이 맞으면 ○, 틀리면 × 에 표시하세요.
　　 Mark the following statements as either O or X.

　　　(1) 운전 기사가 분실물 신고를 했다.　　　○　×
　　　(2) 방송국에 가다가 물건을 잃어버렸다.　　○　×
　　　(3) 물건을 보면 방송국으로 연락해야 한다.　○　×

New Vocabulary
이름표 name tag
애타다 to fret about
방송국 broadcasting station

　2) 잃어버린 가방으로 맞는 것을 고르세요.
　　 Choose the bag that has been lost.

🎤 Speaking_말하기

1 여러분의 가방을 잃어버렸다고 생각하고 유실물센터에 가서 나눌 이야기를 해 보세요.
Imagine that you lost a bag. Talk to a lost and found office staff.

- 유실물센터 직원과 어떤 이야기를 할까요?
  What would you say to the office staff?

- 다음 가방 중 하나를 선택해서 특징을 어떻게 말해야 할지 생각해 보세요.
  Choose one of the following bags and describe how you will explain the features.

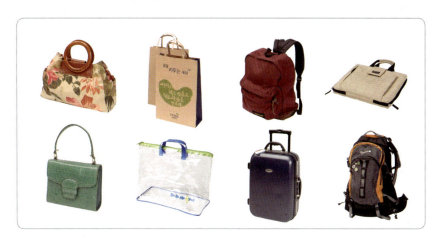

- 유실물센터 직원과 물건을 잃어버린 사람이 되어 이야기해 보세요.
  Image that you and your friend are the lost and found office staff and the owner of the lost item. Then have a conversation between the two people.

2 여러분이 물건을 잃어버린 경험에 대해 이야기해 보세요.
Talk about your past experience of losing something.

- 다음에 대해 생각해 보세요.
  Consider the following questions.

  1) 여러분은 물건을 잘 잃어버리는 편입니까? 왜 그렇다고 생각해요?
     Do you often lose your belongings? Why do you think so?

  2) 물건을 잃어버린 경험에 대해 메모해 보세요.
     Take notes on your experience of losing your belongings.

     - 언제, 어디에서
     - 어떤 물건을
     - 잃어버린 후 어떻게 했는지
     - 찾았는지
     - 물건을 잃어버려서 생긴 문제는 무엇인지

- 메모한 내용을 발표해 보세요.
  Based on your notes, make a presentation.

Lost Item **143**

Reading_읽기

1 다음은 게시판에 붙어 있는 안내문입니다. 잘 읽고 질문에 답하세요.
The following notice is posted on a bulletin board. Read it carefully and answer the questions.

1) ㉠과 ㉡에 들어갈 제목을 쓰세요.
   Put appropriate titles in < ㉠ > and < ㉡ >.

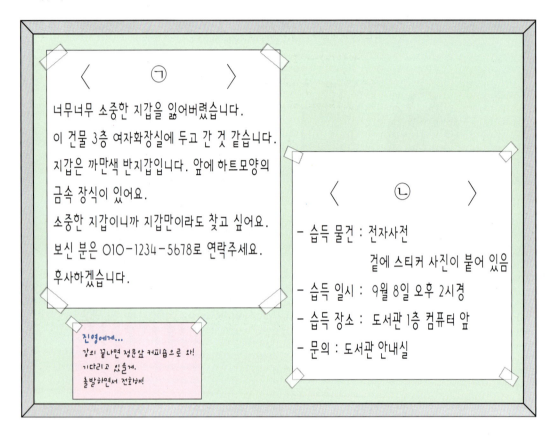

2) ㉠과 ㉡에서 말하는 물건과 같은 그림을 고르세요.
   Choose the correct items described in ㉠ and ㉡.

• **New Vocabulary**

소중하다 to be precious
반지갑 French wallet
스티커 sticker

Writing_쓰기

1 잃어버린 물건을 찾는 공고문을 써 보세요.
Write a notice on the lost item.

- 잃어버린 물건을 찾는 공고문에는 어떤 내용이 들어갈까요?
  What needs to be included in the notice?

- 여러분의 물건 중의 하나를 잃어버렸다고 생각하고, 그 물건의 특징을 설명할 때 필요한 말을 메모해 보세요.
  Imagine that you lost one of your belongings. Take notes describing the lost item.

- 메모한 내용을 바탕으로 잃어버린 물건을 찾는 공고문을 써 보세요.
  Based on your notes, write a notice looking for your lost item.

- 이 글을 읽고 찾아 주고 싶은 마음이 생길까요? 그렇지 않다면 수정해 보세요.
  Do you think this notice is appealing to readers? If not, edit the notice.

자기 평가 — Self-Check

- 잃어버린 물건에 대해 설명할 수 있어요?　　　Excellent ●—●—●—● Poor
  Are you able to explain about the lost item?

- 어떻게 하다가 잃어버리게 됐는지 경위를 설명할 수 있어요?　　　Excellent ●—●—●—● Poor
  Are you able to explain how you lost it?

- 분실물 광고를 읽고 쓸 수 있어요?　　　Excellent ●—●—●—● Poor
  Are you able to read and write a public notice of the lost item?

문법 Grammar

1 －만 하다

- -만 하다 is attached to a noun, indicating that the size of a person or an object is equal to the noun.

    (1) 가 : 잃어버린 가방이 얼마만 해요?
        나 : 이 책만 해요.
    (2) 가 : 지금 살고 있는 방이 커요?
        나 : 아니요. 이 사무실 반만 해요.
    (3) 가 : 수진 씨 언니도 키가 커요?
        나 : 네. 언니도 저만 해요.
    (4) 가 : 책 크기가 얼마만 해요?
        나 : _____.

2 －자마자

- -자마자 is attached to a verb stem, indicating that the second action begins as soon as the preceding action is completed.

    (1) 가 : 잃어버린 지갑은 찾았어요?
        나 : 아니요. 잃어버린 것을 알자마자 바로 신고했는데 연락이 없어요.
    (2) 가 : 휴대 전화가 없어요? 잃어버린 것 아니에요?
        나 : 아침에 일어나자마자 바로 출근했거든요. 아마 집에 놓고 왔나 봐요.
    (3) 가 : 어제 영진 씨랑 늦게까지 있었어요?
        나 : 아니요. 피곤해서 만나자마자 헤어졌어요.
    (4) 가 : 모두들 어디 갔어요?
        나 : _____.

3 −(이)라도

- -(이)라도 is attached to a noun, indicating that it is not much satisfied but alright as the way it is.

    (1) 가 : 지갑을 아직 못 찾았어요?
        나 : 네. 안에 있는 신분증이라도 찾았으면 좋겠는데요.
    (2) 가 : 커피 한 잔 줄래요?
        나 : 지금 커피가 떨어졌는데, 주스라도 드릴까요?
    (3) 가 : 안 사셔도 되니까 한번 입어 보기라도 하세요.
        나 : 예쁘기는 한데 좀 비싸서요.
    (4) 가 : 오만 원을 빌려 달라고요? 저 지금 만 원밖에 없는데.
        나 : _____.

New Vocabulary
떨어지다 to be out of

제9과 연애·결혼
Dating · Marriage

Goals
You will be able to talk about your experience or opinion on dating and marriage.

Topic	Dating and marriage
Function	Talking about a precondition for dating and marriage, Talking about dating experience
Activity	Listening : Listen to a description of boy/girlfriend, Listen to a precondition for a spouse Speaking : Talk about a boy/girlfriend, Talk about a precondition for a spouse Reading : Read a survey result about the preconditions for selecting a spouse Writing : Write about a precondition for selecting a spouse
Vocabulary	First time meeting, Favorable impression, Dating, Marriage, Regrets on dating and marriage, Preconditions for selecting a spouse
Grammar	만에, -(으)ㄹ수록, -던
Pronunciation	Tensification after the final consonants ㄱ, ㄷ, ㅂ
Culture	Formal blind date usually pre-arranged by an acquaintance

제9과 연애·결혼 Dating · Marriage

도입 Introduction

1. 이 사람들은 무엇을 하고 있어요?

2. 여러분은 연애를 한 적이 있어요? 어떤 사람과 결혼하고 싶어요?

대화 & 이야기
Dialogue & Story

1

윤아: 준수야, 너는 여자 친구를 어떻게 만났어?
준수: 전부터 알고 지내던 동아리 후배야.
윤아: 아, 그래? 그럼 처음 만났을 때부터 마음에 들었어?
준수: 아니. 처음에는 그냥 동생 같았는데, 언제부턴가 좋아하는 마음이 생겼어.
윤아: 그런데 어떻게 사귀게 되었어?
준수: 내가 좀 따라다녔지. 계속 연락을 하고 생일에는 꽃도 보내고. 그러니까 내 마음을 받아 주던데.
윤아: 지금도 그렇게 좋아?
준수: 응, 보면 볼수록 더 좋아.

New Vocabulary

후배 one's junior in school
따라다니다 to follow around
마음을 받아 주다 to accept one's heart

2

민　서: 혹시 유진이가 다음 달에 결혼한다는 소식 들었어?
제니퍼: 응. 선을 봤다는 이야기를 들은 지 얼마 안 되었는데 벌써 결혼을 한다고 하네.
민　서: 그래. 만난 지 두 달 만에 결혼하는 거라고 들었어.
제니퍼: 부모님께서 빨리 결혼하라고 하셔서 그렇게 되었다고 해도 결혼을 두 달 만에 하는 것은 좀 이해가 안돼.
민　서: 좀 이상하지만 중매로 결혼해서도 잘 사는 사람이 많던데.
제니퍼: 그렇기는 하지만 연애할 때 죽고 못 살던 사람들도 결혼한 후에 그렇게 싸운다고 하잖아.

New Vocabulary

선을 보다 to be on a blind date arranged by a matchmaker
중매 matchmaking
연애하다 to date
죽고 못 살다 cannot live without

3

결혼은 꼭 해야 하는 것일까? 사랑의 결실을 맺는다거나 영원한 사랑을 약속한다는 의미에서는 결혼이 필요한 것도 같지만 요즘은 결혼을 늦추거나 미루는 사람들이 많아지는 것 같다.

결혼을 하면 믿고 의지할 사람이 생긴다는 점은 좋지만 한편으로는 자기를 잃어버리게 되는 것이 아닐까 하는 생각도 든다. 시간이 갈수록 가족들을 챙겨야 할 일들이 많아지고 아이를 낳아 기르게 되면 부모로서의 책임도 생긴다. 이렇게 결혼 후에 서로에 대한 책임을 다하다 보면 자신만의 시간은 없어져 버린다. 그래서 친하게 지내던 친구들과 멀어지기도 한다. 이런 것들을 생각해 보면 '결혼을 꼭 해야 할까'라는 생각이 들기도 한다. '결혼은 해도 후회, 안 해도 후회'라는 이야기를 들은 적이 있는데 그래도 나는 결혼을 하고 후회하고 싶다.

> **New Vocabulary**
> 결실을 맺다 to bear fruit/to be successful
> 영원하다 to be eternal
> 의미 meaning
> 늦추다 to put off
> 미루다 to delay
> 의지하다 to depend on
> 챙기다 to take care of
> 책임 responsibility
> 후회 regret

맞선 Formal blind date usually pre-arranged by the acquaintance

- 여러분은 맞선이라는 말을 들어 본 적이 있어요?
  Have you heard the word 맞선?

- 다음은 한국의 맞선 문화에 대한 글입니다. 다음을 읽고 맞선이 무엇인지 생각해 보세요.
  In this passage, you will learn about the Korean custom 맞선. Read the passage carefully.

 The old phrase 남녀칠세부동석 means that boys and girls should not sit together after the age of seven. Because of such customs, it was common in traditional Korean society to get married through 맞선. These arranged marriages are called 중매결혼. 맞선 is still common today.

A benefit of 맞선 is that potential spouses get to learn all about each other before ever meeting. In recent times, non-arranged marriages have also become common, but the custom of 맞선 is still practiced widely. Even with the introduction of non-arranged marriages, there is still an entire industry in Korea devoted to matchmaking. Many companies set 맞선 professionally, catering mostly to young people who are too busy to date.

- 여러분 나라에도 맞선 문화가 있어요? 이야기해 보세요.
  Is 맞선 part of the culture in your country? Discuss it with the class.

말하기 연습 — Speaking Practice

1 〈보기〉와 같이 이야기하고, 남자/여자 친구를 어떻게 만났는지 친구와 묻고 대답해 보세요.

> **보기**
> 남자 친구 / 동아리에서
> 가: 남자 친구를 어떻게 만났어요?
> 나: 동아리에서 만났어요.

① 여자 친구 / 친구 소개로
② 남자 친구 / 학교에서
③ 남편 / 모임에서
④ 부인 / 미팅에서
⑤ 여자 친구 / 우연히
⑥ 약혼자 / 선을 봐서

이성과의 만남 / First time meeting

미팅을 하다 to be on a group blind date
소개팅을 하다 to be on a blind date
선을 보다 to be on a blind date arranged by a matchmaker
사내 커플 couple within the company
캠퍼스 커플 couple within the university campus

New Vocabulary

약혼자 fiance/fiancee

2 〈보기〉와 같이 이야기해 보세요.

> **보기**
> 외모가 마음에 들다
> 가: 그 사람 어디가 마음에 들었어요?
> 나: 외모가 마음에 들었어요.

① 느낌이 좋다
② 자상한 점이 마음에 들다
③ 믿음직해 보이다
④ 나하고 마음이 맞을 것 같다
⑤ 이야기가 잘 통하다
⑥ 이야기를 재미있게 하는 것이 좋다

이성에 대한 호감 / Favorable impression

느낌이 좋다 to have good feelings
인상이 좋다 to have good impression
성격이 좋다 to have a good personality
자상하다 to be thoughtful
사랑스럽다 to be lovable
믿음직하다 to be trustworthy
섹시하다 to be sexy
취향이 비슷하다 to have similar tastes
마음이 잘 맞다 to get along well
이야기가 잘 통하다 to be able to talk to one another with ease

3 〈보기〉와 같이 이야기하고, 남자/여자 친구를 어떻게 사귀게 되었는지 친구와 묻고 대답해 보세요.

> 보기
> **사귀다 /**　　　가 : 어떻게 사귀게 되었어요?
> **첫눈에 반해서**　나 : 첫눈에 반해서 따라다니다가
> **따라다니다**　　　　사귀게 되었어요.

❶ 사귀다 / 오랫동안 친구로 지내다
❷ 헤어지다 / 그 사람이 바람을 피워서 싸우다
❸ 사귀다 / 나 혼자 3년간 짝사랑하다
❹ 사랑에 빠지다 / 자주 만나다
❺ 결혼하다 / 친구로 지내다
❻ 결혼하다 / 오랫동안 연애하다

• 연애 Dating

사귀다 to go out
연애하다 to date
사랑에 빠지다 to fall in love
짝사랑하다 to have a crush
사랑을 고백하다 to declare love
따라다니다 to follow around
사랑이 식다 to fall out of love
바람을 피우다 to cheat
첫눈에 반하다 to fall in love at first sight
헤어지다 to break up

• New Vocabulary

오랫동안 for a long time

4 〈보기〉와 같이 이야기해 보세요.

> 보기
> **만나다, 약혼하다**　가 : 만난 지 얼마 만에 약혼했어요?
> **/ 3년**　　　　　　나 : 만난 지 3년 만에 약혼했어요.

❶ 여자 친구를 사귀다, 결혼하기로 하다 / 2년
❷ 아내와 결혼하다, 아기를 낳다 / 3년
❸ 여자 친구와 사귀다, 헤어지다 / 6개월
❹ 남편과 이혼하다, 재혼하다 / 10년
❺ 남자 친구와 헤어지다, 다시 연락하다 / 6개월
❻ 부인과 약혼하다, 결혼하다 / 1년

• 결혼 Marriage

청혼하다 to propose
약혼하다 to be engaged
결혼하다 to get married
이혼하다 to get divorced
재혼하다 to get remarried
남편 husband
신랑 bridegroom
아내 wife
부인 wife
배우자 spouse
약혼자 fiance/fiancee

• Language tip

The word 신랑 indicates the bridegroom or a newly married man, but also used to indicate a husband.

5 〈보기〉와 같이 이야기해 보세요.

> 보기
> 남자 친구가, 제일 멋있다 / 보다
> 가: 남자 친구가 지금도 제일 멋있어요?
> 나: 네, (보면) 볼수록 더 멋있어요.

• New Vocabulary
믿음직스럽다
to be trustworthy

❶ 여자 친구가, 잘해 주다 / 시간이 지나다
❷ 남자 친구와, 마음이 맞다 / 이야기하다
❸ 아내가, 사랑스럽다 / 보다
❹ 애인이, 좋다 / 만나다
❺ 여자 친구가, 예쁘다 / 보다
❻ 남편이, 믿음직스럽다 / 살다

6 〈보기〉와 같이 이야기해 보세요.

> 보기
> 시간을 되돌리고 싶다
> 가: 아직도 사랑하세요?
> 나: 사랑은 무슨……. 시간을 되돌리고 싶어요.

• 연애와 결혼에 대한 후회
Regrets on dating and marriage

시간을 되돌리고 싶다
to wish to turn back time

눈에 콩깍지가 쓰이다
to be blinded with love (lit. to cover one's eye with a bean hull)

내 발등을 찍고 싶다
to want to kick oneself (lit. to wish to chop my foot)

미치다 to be crazy

원수가 따로 없다
there is no other enemy

눈이 삐다 to be blinded

그땐 뭘 모르다
to not know anything about back then

정으로 살다
to live by affection

❶ 정으로 살다
❷ 내 발등을 찍고 싶다
❸ 그땐 뭘 몰랐다
❹ 원수가 따로 없다
❺ 눈이 삐었다
❻ 눈에 콩깍지가 씌었나 보다

7 〈보기〉와 같이 이야기해 보세요.

> 보기
> 결혼할 사람 / 　　가: 결혼할 사람이 누구예요?
> 전에 같은 회사에　나: 전에 같은 회사에서 일하던
> 서 일하다　　　　　　사람이에요.

New Vocabulary

알고 지내다
to be acquainted with

❶ 사귀는 사람 / 같은 학교에 다니다
❷ 약혼할 사람 / 옛날부터 알고 지내다
❸ 결혼할 사람 / 대학 때 사귀다
❹ 사귀는 사람 / 나를 따라다니다
❺ 결혼할 사람 / 제가 오래 전부터 짝사랑하다
❻ 사귀는 사람 / 어릴 때 옆집에 살다

8 〈보기〉와 같이 이야기하고, 배우자의 조건에 대해 친구와 묻고 대답해 보세요.

> 보기
> 　　　　　　가: 배우자를 선택하는 데 뭐가
> 능력　　　　　　제일 중요하다고 생각해요?
> 　　　　　　나: 능력이 제일 중요하다고
> 　　　　　　　　생각해요.

배우자 선택의 조건
Preconditions for selecting a spouse

외모 appearance
능력 capability
성격 personality
경제력 financial capabilities
가정환경 family environment
학벌 educational background
가치관 value
종교 religion

❶ 외모　　　　　　❷ 종교
❸ 가정환경　　　　❹ 성격
❺ 학벌　　　　　　❻ 가치관

9 〈보기〉와 같이 이야기하고, 연애와 결혼에 대해 친구와 묻고 대답해 보세요.

보기
나이 차가 많은 사람과 결혼하는 것 / 나이는 문제가 안 되다

가: 나이 차가 많은 사람과 결혼하는 것에 대해서 어떻게 생각해요?
나: 나이는 문제가 안 된다고 생각해요.

❶ 선 / 새로운 사람을 만나는 방법 중의 하나다
❷ 바람을 피우는 것 / 상대방에 대한 예의가 아니다
❸ 동거 / 사랑한다면 문제가 안 되다
❹ 독신주의 / 혼자 사는 것도 나쁘지 않다
❺ 속도위반 / 책임을 질 수 있다면 문제가 안 되다
❻ 국제결혼 / 사랑에 국적은 상관없다

New Vocabulary

동거 living together
독신주의 the belief in living without a spouse
속도위반 premarital pregnancy (lit. exceeding the speed limit)
국제결혼 international marriage

발음 Pronunciation

Tensification after the final consonants ㄱ, ㄷ, ㅂ

독신주의, 속도위반
[독씬]   [속또]

When ㄱ, ㄷ, ㅂ, ㅅ, ㅈ are preceded by the final consonants ㄱ, ㄷ, ㅂ, they are tensified to [ㄲ, ㄸ, ㅃ, ㅆ, ㅉ].

▶ 연습해 보세요.
(1) 가: 국제결혼도 할 수 있어?
    나: 국적이 무슨 상관이야?
(2) 가: 옆집 누나를 짝사랑한다고요?
    나: 네. 하루라도 못 보면 못 살겠어요.
(3) 가: 신랑이 참 믿음직스럽네요.
    나: 맞습니다. 학벌도 좋고 능력도 있고요.

Dating · Marriage **157**

활동 Activity

🎧 Listening_듣기

1 다음은 어떤 사람이 여자 친구에 대해 이야기하는 대화입니다. 잘 듣고 아래의 내용이 맞으면 〇, 틀리면 ✕ 에 표시하세요.
Listen to the people talk about his girlfriend. Listen carefully and mark the following statements as either O or X.

1) 마이클 씨는 여자 친구를 대학교에서 만났다.　〇　✕

2) 마이클 씨는 여자 친구와 사귄 지 1년이 되었다.　〇　✕

3) 마이클 씨는 여자 친구와 결혼할 구체적인 계획을 가지고 있다.　〇　✕

New Vocabulary
구체적이다 to be specific

2 다음은 만나고 싶은 이성의 조건에 대해 설명하는 이야기입니다. 잘 듣고 질문에 대답하세요.
Listen to the people discussing about someone's ideal type. Listen carefully and answer the questions.

1) 니콜라 씨는 어떤 사람을 만나고 싶어해요?
　❶ 예쁜 사람　　❷ 믿음직한 사람
　❸ 능력이 있는 사람　❹ 학벌이 좋은 사람

New Vocabulary
평생 lifetime
동반자 partner
든든하다 to feel reassured

2) 마이클 씨와 어울리는 사람은 누구입니까?
　❶ 직업은 없지만 착한 사람
　❷ 외모는 별로지만 성격이 좋은 사람
　❸ 외모는 별로지만 능력이 있는 사람
　❹ 직업은 없지만 외모가 멋진 사람

🎙 Speaking_말하기

1 여러분은 연애를 한 적이 있어요? 친구들과 남자/여자 친구에 대해 이야기해 보세요.
Have you dated someone before? Talk about your boy/girlfriend with your friends.

1) 만난 지 얼마나 됐어요?
How long have you dated this person?

2) 그 사람의 어떤 점이 좋아요/좋았어요?
What do/did you like about this person?

3) 그 사람을 만난 것을 후회할 때는 없어요?
Have you ever regretted meeting that person?

4) (헤어졌으면) 왜 헤어졌어요?
(If broke up) Why did you break up?

2 여러분의 결혼에 대한 생각을 이야기해 보세요.
Discuss your opinion on marriage.

- 여러분은 결혼을 하고 싶어요? '네'는 1)로, '아니요'는 2)로 가세요.
  Do you want to get married? If yes go to 1), if no go to 2).

  1) 다음 중 중요하다고 생각하는 것 2~3가지를 선택해 보세요.
     Choose your top 2~3 priorities.

외모	성격	능력	취미	가치관	기타

  2) 결혼하고 싶지 않은 이유를 메모해 보세요.
     Take notes of why you do not want to get married.

- 친구들 앞에서 발표해 보세요.
  Present your thoughts to the class.

Reading_읽기

1 다음은 결혼 조건에 대한 기사입니다. 잘 읽고 질문에 답하세요.
The following is an article about the preconditions of marriage. Read it carefully and answer the questions.

● 아래 그래프를 보고 무엇에 대한 것인지 생각해 보세요.
Look at the graph below and try to predict what it is about.

● 다음 글을 읽고 ㉠, ㉡에 들어갈 말을 쓰세요.
Read the following article and fill the ㉠, ㉡.

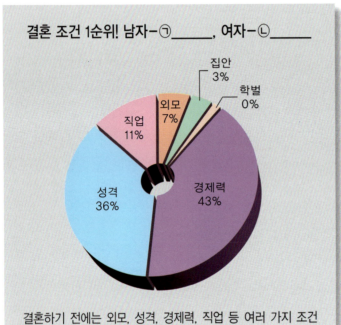

New Vocabulary

저울질을 하다 to weigh
마련이다 supposed to be
설문 survey
실시하다 to execute
차지하다 to account for
뒤를 잇다 to be followed by
반면에 in contrast
꼽다 to choose (as reason)

결혼하기 전에는 외모, 성격, 경제력, 직업 등 여러 가지 조건을 놓고 저울질을 하게 마련이다. 남녀 직장인들을 대상으로 "결혼 조건 1순위는?"이라는 설문을 실시한 결과 "경제력이 있어야 한다."고 응답한 사람이 237명으로 전체의 43%를 차지했다. 성별로 보면 남성 응답자들은 50% 이상이 '경제력'이 가장 중요하다고 응답했으며 '외모, 성격, 직업' 등이 그 뒤를 이었다. 반면에 여성 응답자들은 '성격'을 가장 중요한 조건으로 꼽았으며 '경제력, 직업, 외모' 등이 그 뒤를 이었다.

● 여러분의 나라에서는 어떤 것을 가장 중요하다고 생각할 것 같은지 이야기해 보세요.
What do people in your country consider to be the most important quality in a spouse? Discuss it with the class.

Writing_쓰기

1 여러분의 배우자 선택 조건에 대해 써 보세요.
Write about the quality of your spouse.

- 여러분이 배우자를 선택할 때 아래의 것들이 얼마나 중요하다고 생각해요?
  When choosing a spouse, how important are the qualities listed below?

  > 외모,   성격,   능력,   가치관,   기타

- 그 이유를 메모해 보세요.
  Write down why they are important or unimportant.

- 여러분이 생각하는 배우자의 조건에 대한 글을 써 보세요.
  Write about the attributes you seek in a spouse.

자기 평가 — Self-Check

- 연애 경험에 대해 이야기할 수 있어요?
  Are you able to talk about your dating experience?
  Excellent ●—●—●—● Poor

- 결혼관에 대해 묻고 대답할 수 있어요?
  Are you able to ask and answer about marriage values?
  Excellent ●—●—●—● Poor

- 연애 경험이나 결혼에 대한 글을 읽고 쓸 수 있어요?
  Are you able to read and write about dating experience or marriage?
  Excellent ●—●—●—● Poor

문법

1 만에

- 만에 indicates amount of time from a set point until a certain event.
- '-(으)ㄴ 지 [time] 만에' form is often used.

(1) 가 : 약혼한 지 얼마 만에 결혼했어요?
    나 : 약혼한 지 1년 만에 결혼했어요.
(2) 가 : 두 사람은 사귄 지 얼마 만에 결혼했어요?
    나 : 5년 만에 결혼했어요.
(3) 가 : 한국에 얼마 만에 오셨어요?
    나 : 지난번에 다녀간 지 3년 만에 왔어요.
(4) 가 : 두 사람은 헤어진 지 얼마 만에 다시 만났어요?
    나 : _____.

2 -(으)ㄹ수록

- -(으)ㄹ수록 is attached to a verb, an adjective or 'noun+이다', indicating something is gradually changing as it is repeated or continued.
- This takes two forms.
  a. If the stem ends in a vowel or ㄹ, -ㄹ수록 is used.
  b. If the stem ends in a consonant(except for ㄹ), -을수록 is used.
- In case of noun, -(으)ㄹ수록 can only be used to indicate a degree as in 바쁜 때일수록, 비싼 옷일수록.
- -(으)면 -(으)ㄹ수록 form is used.

• New Vocabulary

넉넉하다 to be enough

(1) 가 : 여자 친구가 그렇게 좋아요?
    나 : 네, 만나면 만날수록 더 좋아져요.
(2) 가 : 음식을 얼마나 준비할까요?
    나 : 많으면 많을수록 좋으니까 넉넉하게 준비하세요.
(3) 가 : 가까운 사람일수록 더 예의가 필요해요.
    나 : 네. 조심할게요.
(4) 가 : 철민 씨 정말 괜찮지요?
    나 : 네. _____.

3 -던

- -던 is attached to a verb, an adjective or 'noun+이다', modifying a following noun. It indicates a past event or a behavior which used to happen continuously, repeatedly for a long time. It also indicates an uncompleted event.

(1) 가 : 여자 친구는 어떤 사람이에요?
    나 : 제가 옛날부터 따라다니던 사람이에요.
(2) 가 : 나 여기 오다가 세은이를 만났어. 너도 누군지 알지?
    나 : 그럼 알지. 우리 반에서 제일 예쁘던 애잖아.
(3) 가 : 우리 아이가 이번에 대학에 들어갔어요.
    나 : 유치원 다니던 애가 벌써 대학생이 되었어요?
(4) 가 : 저 사람 아는 사람이에요?
    나 : 네. _____.

제10과 선물
Gifts

Goals
You will be able to talk about cross cultural gift-giving customs.

Topic	Gifts
Function	Explaining gift-giving customs, Comparing gift-giving customs
Activity	Listening : Listen to a gift-giving custom, Listen to an open letter about a memorable present Speaking : Explain about a gift-giving custom, Talk about a memorable gift Reading : Read a passage comparing different gift-giving customs Writing : Write a passage comparing different gift-giving customs
Vocabulary	Special occasions
Grammar	-(으)려다가, -지 알다/모르다, -도록 하다
Pronunciation	Intonation of a phrase placed in the middle of a sentence
Culture	Fun Gift-giving Customs in Korea

제10과 선물 Gifts

도입 Introduction

1. 이 사람들은 뭘 가지고 왔어요? 왜 이런 선물을 주었을까요?

2. 여러분 나라에는 특별한 의미가 있는 선물이 있어요?

대화 & 이야기 — Dialogue & Story

1

수　미 : 다음 주에 제인 씨가 집들이한다는 이야기 들었지요?

케이코 : 네. 그런데 집들이 선물로 뭘 사 가지고 가면 좋을지 모르겠어요. 한국에서는 집들이 갈 때 보통 어떤 선물을 해요?

수　미 : 요즘은 시계나 화분 같은 것도 많이 사 가지만 보통은 휴지나 세제 같은 것을 사 가지고 가요.

케이코 : 화장지나 세제라고요? 무슨 특별한 이유가 있나 봐요.

수　미 : 네. 이사 간 집에서 모든 일이 잘 풀리라고 휴지를 주거나 비누 거품이 일어나는 것처럼 빨리 부자가 되라고 세제를 선물하는 거예요.

케이코 : 아, 휴지가 술술 풀리는 것처럼 말이지요? 재미있네요. 그럼 우리도 제인 씨에게 휴지하고 비누를 선물하도록 해요.

수　미 : 그렇게 해요. 선물의 의미를 알면 아마 제인 씨도 좋아할 거예요.

New Vocabulary

집들이 house-warming party
화분 flower pot
세제 detergent
풀리다 to be solved
거품 bubble
술술 smoothly

2

앙리 : 얼마 전에 결혼한 중국인 친구 집에 놀러 갔었는데 내가 실수를 좀 한 것 같아.

승철 : 실수를 했다고? 무슨 일이 있었는데?

앙리 : 처음으로 외국 친구 집에 초대를 받은 건데, 뭘 사 가는 게 좋을지 몰라서 고민을 많이 했어. 그러다가 신혼집에 어울릴 것 같은 시계를 사 가지고 갔거든…….

승철 : 근데 왜? 친구가 시계를 마음에 안 들어했어?

앙리 : 그건 아닌데, 시계를 한자로 쓰면 죽음이라는 말과 소리가 같은 경우가 있어서 중국에서는 선물을 잘 안 한다고 하는 이야기를 얼마 전에 들었거든.

승철 : 정말? 나도 그건 몰랐는데. 그냥 필요한 거 없냐고 물어보고 사지 그랬어?

앙리 : 필요한 걸 물어보려다가 놀라게 해 주고 싶어서 고민하고 사 갔는데…….

New Vocabulary

신혼집 a new home after getting married
죽음 death

3

선물을 주고받는 것은 즐거운 일이지만 조금만 더 신경을 쓰면 좀 더 기분 좋게 마음까지 주고받을 수 있다고 생각한다.

정성이 담긴 선물은 가격이 조금 싸도 받는 사람을 행복하게 할 수 있다. 따라서 받는 사람에게 필요한 것이나 취향을 잘 생각해서 선물을 준비하도록 해야 한다. 이렇게 정성껏 준비한 선물은 가격만 비싼 성의 없는 선물보다 받는 사람의 기분을 좋게 할 것이다.

반면에 가격이 너무 비싼 선물은 받는 사람을 부담스럽게 할 수 있다. 그런 선물을 받으면 이렇게 비싼 선물을 한 의도가 뭘까, 다음에 나도 상대방에게 그 정도의 선물을 해 줘야 하는 것이 아닐까 하는 생각을 하게 된다. 그래서 선물은 주는 사람도 받는 사람도 부담이 없는 정도가 적절하다.

> **New Vocabulary**
> 정성 sincerity
> 담기다 to contain
> 취향 taste
> 정성껏 with sincerity
> 성의 없다 to be lacking in sincerity
> 부담스럽다 to be a burden
> 의도 intention
> 적절하다 to be appropriate

한국의 재미있는 선물
Fun Gift-giving Customs in Korea

- 여러분은 한국에서 시험을 앞둔 사람에게 어떤 선물을 주는지 알아요?
  Do you know what kinds of gifts Korean people give to exam-takers?

- 다음은 수험생에게 주는 선물에 대한 글입니다. 다음 글을 읽고 한국의 선물 문화에 대해 생각해 보세요.
  The following is about the Korean custom of giving gifts to students taking the college entrance exam. Read the following and think about the gift-giving culture in Korea.

Traditionally, Koreans express their good-luck wishes to the exam-takers by presenting them with Korean toffee or glutinous rice cakes. The stickiness of these treats represents the wish that the test taker must stick to the college. This custom is changing, however. Today it is becoming popular to give more unique gifts, such as mirrors or forks. The mirror idea originates from a play on words: the verb 보다 is used in both 거울을 보다 (to look in the mirror) and 시험 보다 (to take an exam). Forks, with their ability to pick up food, represent picking the correct answer.

- 여러분 나라에도 수험생에게 주는 선물이 있어요? 또 재미있는 의미가 있는 선물이 있어요? 한번 이야기해 보세요.
  Do you give gifts to exam-takers? Are there any traditional gifts in your culture that represent specific sentiments? Discuss it with the class.

말하기 연습

Speaking Practice

1 〈보기〉와 같이 이야기해 보세요.

> 보기
> 친구 아기 백일
> 가: 여기 웬일이세요?
> 나: 친구 아기 백일이라서 선물 좀 사러 왔어요.

① 친구 집들이　② 동생 아기 돌
③ 결혼기념일　④ 어린이날
⑤ 스승의 날　⑥ 어버이날

● 특별한 날 Special occasions

생일 birthday
백일 baby's 100th day
돌 baby's 1st birthday
집들이 house-warming party
명절 holiday
어버이날 Parent's Day
스승의 날 Teacher's Day
결혼기념일 wedding anniversary
성년의 날 Coming-of-Age Day
어린이날 Children's Day

2 〈보기〉와 같이 이야기해 보세요.

> 보기
> 백일 / 아기 옷을 선물하다
> 가: 백일에 보통 어떤 선물을 해요?
> 나: 보통 아기 옷을 선물해요.

① 집들이 / 휴지나 세제를 주다
② 어버이날 / 카네이션을 드리다
③ 성년의 날 / 장미하고 향수를 선물하다
④ 돌 / 금반지나 아기 옷을 선물하다
⑤ 명절 / 어른들께는 건강식품을 드리다
⑥ 결혼식 때 / 돈으로 주다

● Culture Tip

On special days, money is often given in place of presents. If you receive a monetary gift from someone, it is customary to give that person back a similar amount for his or her next special occasion.

● New Vocabulary

카네이션 carnation
향수 perfume
건강식품 health supplementary food

3 〈보기〉와 같이 이야기해 보세요.

> 보기
> 집들이 때, 휴지 /
> 일이 잘 풀리다
>
> 가: 집들이 때에 휴지를 선물하는
> 　　특별한 의미가 있어요?
> 나: 네, 일이 잘 풀리라는 의미예요.

• New Vocabulary

월급날 payday
내복 thermals
포크 fork
찍다 to pick/to choose

❶ 돌, 금반지 / 부자가 되다
❷ 입학식 때, 가방 / 공부를 열심히 하다
❸ 첫 월급날, 내복 / 따뜻하게 지내시다
❹ 시험 보는 날, 포크 / 잘 찍다
❺ 결혼식 때, 돈 / 필요한 것을 사다
❻ 명절 때, 건강식품 / 건강하시다

4 〈보기〉와 같이 이야기해 보세요.

> 보기
> 중국, 친구 집에
> 갈 때 / 괘종시계
>
> 가: 중국에서 친구 집에 갈 때
> 　　선물하면 안 되는 것이 뭐예요?
> 나: 괘종시계를 선물하면 안 돼요.

• New Vocabulary

괘종시계 wall clock
와인 wine

❶ 한국, 결혼할 때 / 가위나 칼
❷ 프랑스, 특별한 날에 / 와인
❸ 말레이시아, 특별한 날에 / 술
❹ 중국, 친구 생일에 / 우산
❺ 멕시코, 집에 초대 받았을 때 / 노란 장미
❻ 일본, 친구 집에 갈 때 / 하얀 꽃

5 〈보기〉와 같이 이야기해 보세요.

보기
한국, 신혼부부에게, 칼 / 두 사람이 헤어지는 것

가: 한국에서 신혼부부에게 칼을 선물하면 안 되는 특별한 이유가 있어요?
나: 칼을 선물하는 것은 두 사람이 헤어지는 것을 의미하기 때문이에요.

• New Vocabulary
인연을 끊다 to break ties with (someone)
이별하다 to break up

❶ 영국, 특별한 날에, 백합 / 죽음
❷ 한국, 병문안 갈 때, 하얀 꽃 / 죽음
❸ 일본, 집들이 갈 때, 칼 / 인연을 끊는 것
❹ 중국, 친구에게, 우산 / 이별하는 것
❺ 프랑스, 친한 친구에게, 빨간 장미 / 사랑을 고백하는 것
❻ 멕시코, 병문안 갈 때, 노란 장미 / 죽음

6 〈보기〉와 같이 이야기해 보세요.

보기
어버이날, 선물하다 / 옷, 건강식품

가: 어버이날에 뭘 선물했어요?
나: 옷을 선물하려다가 건강식품을 선물했어요.

• New Vocabulary
장난감 toy
엿 Korean toffee

❶ 집들이 때, 사 가지고 가다 / 과일, 화장지
❷ 어린이날, 선물하다 / 장난감, 책
❸ 명절 때, 가져가다 / 과일, 건강식품
❹ 병문안을 갈 때, 가져가다 / 꽃, 과일
❺ 시험을 보기 전, 선물하다 / 엿, 포크
❻ 돌, 주다 / 반지, 돈

7 〈보기 1〉이나 〈보기 2〉와 같이 이야기해 보세요.

> **보기 1**
> 스승의 날, 선물하다 / 카네이션
> 가: 한국에서 스승의 날에 뭘 선물하는지 알아요?
> 나: 네, 뭘 선물하는지 알아요. 보통 카네이션을 선물해요.

> **보기 2**
> 스승의 날, 선물하다 / 모르다
> 가: 한국에서 스승의 날에 뭘 선물하는지 알아요?
> 나: 아니요, 뭘 선물하는지 몰라요.

❶ 시험 때, 주다 / 엿
❷ 어버이날, 선물하다 / 카네이션
❸ 병문안을 갈 때, 가져가다 / 모르다
❹ 돌 때, 선물하다 / 금반지
❺ 결혼식에 갈 때, 주다 / 돈
❻ 집들이 때, 가져가다 / 모르다

8 〈보기〉와 같이 이야기해 보세요.

> **보기**
> 여자 친구 생일 / 장미꽃을 선물하다
> 가: 여자 친구 생일에 뭘 선물해야 할지 모르겠어요.
> 나: 장미꽃을 선물하도록 하세요.

• **New Vocabulary**
생활 daily life
기억 memory

❶ 어버이날 / 부모님이 좋아하시는 것을 선물하다
❷ 집들이 때 / 생활에 필요한 것을 사 가지고 가다
❸ 아버지 생신 / 건강에 도움이 되는 것을 사 드리다
❹ 친구 결혼식 때 / 부부가 함께 쓸 수 있는 것을 선물하다
❺ 스승의 날 / 선생님이 부담스러워하지 않는 선물을 하다
❻ 남자 친구 생일 / 기억에 남을 수 있는 것을 선물하다

9 친구가 다음과 같은 상황에서 어떤 선물을 하면 좋을지 고민하고 있습니다. 〈보기〉와 같이 친구가 좋은 선물을 할 수 있도록 조언해 보세요.

> 보기
> 가: 한국에서 친구 결혼식에 갈 때 보통 뭘 선물해요?
> 나: 보통 돈을 줘요.
> 가: 결혼식 때 돈을 주는 특별한 의미가 있어요?
> 나: 필요한 것을 사라는 의미도 있지만 큰일이 있을 때 서로 돕는다는 의미도 있어요.
> 가: 또 어떤 선물을 해요?
> 나: 집을 꾸미거나 부부가 함께 쓸 수 있는 것을 선물하기도 해요.

❶ 결혼식에 갈 때   ❷ 집들이 때
❸ 병문안을 갈 때   ❹ 아기 돌에

발음 Pronunciation

Intonation of a phrase placed in the middle of a sentence

> 집들이에 갈 때,
> 세제도 좋지만,
> 저는, 그림을
> 사 가려고요.

When you breathe in the middle of a sentence, you raise (H) or drop (L) or raise-drop (HL) the preceding syllable right before taking breath. You can choose any intonation, but the rising intonation (H) and the rise-falling intonation (HL) are usually used in spoken discourse. Falling intonation (L) is often used in a formal situation to express the speaker's determined or authoritative tone and the rising intonation (H) often signals a soft and polite tone. The rise-falling intonation (HL) clearly divides the preceding and the following part.

▶ 연습해 보세요.
(1) 집들이에 가려면 세제를 사 가세요.
(2) 마야 씨는 노래도 잘하고 운동도 잘해요.
(3) 그것도 좋은데 민호 씨가 좋아하는 책 같은 게 어때?

활동

Activity

 듣기

1 다음은 선물에 대해 이야기하는 대화입니다. 잘 듣고 아래의 내용이 맞으면 ○, 틀리면 ✕ 에 표시하세요.
Listen to the people talk about gift-giving. Listen carefully and mark the following statements as either O or X.

1) 여자는 부모님께 선물을 드리려고 한다.   O   X

2) 한국에서는 선생님을 부모님처럼 생각하기도 한다.   O   X

3) 여자는 카네이션과 가방을 살 것이다.   O   X

2 다음은 라디오에 소개된 사연입니다. 잘 듣고 아래의 내용이 맞으면 ○, 틀리면 ✕ 에 표시하세요.
Listen to an open letter sent to a radio program. Listen carefully and mark the following statements as either O or X.

1) 김미연 씨는 얼마 전에 책을 선물로 받았다.   O   X

2) 김미연 씨는 친구를 위해 직접 앨범을 만들었다.   O   X

3) 김미연 씨의 친구는 앨범을 받고 감동했다.   O   X

• New Vocabulary

고민하다 to give a lot of thoughts (about something)
앨범 album
편집하다 to edit
펑펑 (울다) to cry one's eye out
제작하다 to produce
감동하다 to be moved

🎤 Speaking_말하기

1 여러분 나라에는 특별한 날 선물로 애용되는 것이나 선물을 하면 안 되는 것이 있어요?
그 이유는 무엇입니까? 친구와 이야기해 보세요.
In your country, are there specific gifts that are customarily given on a special day? Are there any gifts in which people are prohibited from giving? Why? Discuss it with the class.

1) 특별한 선물로 애용되는 것이 있어요?
What kind of presents are given on a special day?

2) 그것을 선물하는 특별한 의미가 있어요?
Is there any special meaning in such present?

3) 특별한 날 선물하면 안 되는 것은 무엇입니까?
Is there any present in which people are prohibited from giving on a special day?

4) 그것을 선물하면 안 되는 특별한 이유가 있어요?
Is there any reason why the present is prohibited from giving?

2 여러분은 기억에 남는 선물이 있어요? 기억에 남는 선물에 대해 이야기해 보세요.
Have you ever received a memorable gift? Discuss it with the class.

- 먼저 다음을 메모해 보세요.
  First, take notes on the following questions.

  1) 선물은 무엇이었습니까?

  2) 언제, 누구한테 받았어요?

  3) 왜 기억에 남아요?

  4) 그 선물은 어디에 있어요?

- 기억에 남는 선물에 대해 발표해 보세요.
  Present on your memorable gift.

Reading_읽기

1 다음은 선물 때문에 생긴 일에 대한 글입니다. 잘 읽고 질문에 대답하세요.
The following passage is a story on gift-giving. Read it carefully and answer the questions.

> 얼마 전 남자 친구의 생일날 나는 멋진 구두를 선물했다. 그런데 며칠이 지나도 남자 친구는 한 번도 그 구두를 신지 않는 것이었다. 나는 조금 서운하기도 하고 화가 나기도 해서 왜 내가 사 준 구두를 안 신느냐고 물었다. 그랬더니 사실 한국에서는 신발을 선물하면 그 신발을 신고 다른 사람에게 가라는 의미가 있기 때문에 신을 수가 없었다고 했다. 나는 내가 ㉠당황할까 봐 구두를 기쁘게 받아 줬던 남자 친구의 따뜻한 마음에 감동해서 다른 선물을 꼭 다시 사 줘야겠다고 생각했다.
>
> 그런데 어제 내가 구두를 산 가게에서 전화가 왔다. "손님, 얼마 전에 사셨던 구두를 잃어버리셨지요? 어떤 분이 가게 이름을 보고 여기로 가져오셨네요. 찾으러 오세요."

New Vocabulary
서운하다
to feel disappointed

- ㉠의 이유는 무엇입니까? 이야기해 보세요.
  What is the reason for ㉠? Discuss it with the class.

- 남자 친구가 구두를 신지 않은 이유는 무엇입니까? 이야기해 보세요.
  Why didn't he wear the shoes? Discuss it with the class.

Writing_쓰기

1 여러분 나라와 한국의 선물 문화가 다른 것이 있어요? 선물과 관련된 문화 차이에 대해 써 보세요.
Are there any cultural differences in gift-giving customs between your country and Korea? Write a paragraph explaining your thoughts.

- 다음에 대해 메모해 보세요.
  Take notes on the following questions.

  1) 선물과 관련된 문화 차이를 느낀 적이 있어요? 어떤 것이었습니까?
     Have you ever felt any cultural differences in gift-giving customs? What was it?

  2) 왜 그런 차이가 생겼다고 생각해요?
     Do you know why the differences exist?

- 메모한 내용을 바탕으로 선물과 관련된 문화 차이에 대해 써 보세요.
  Based on your notes, write about gifts related to cultural differences.

- 친구가 쓴 글을 읽고 새롭게 알게 된 사실이나 다른 생각이 있으면 이야기해 보세요.
  Read your friend's writing and discuss any facts that you newly learned.

자기 평가 — Self-Check

- 선물에 담긴 의미에 대해 이야기할 수 있어요?
  Are you able to talk about the meaning of gift?
  Excellent ●—●—●—● Poor

- 자기 나라의 선물 문화를 다른 나라의 선물 문화와 비교하면서 이야기할 수 있어요?
  Are you able to compare the gift-giving culture in your country versus the gift-giving culture in another country?
  Excellent ●—●—●—● Poor

- 선물과 관련된 글을 읽고 쓸 수 있어요?
  Are you able to read and write about gifts?
  Excellent ●—●—●—● Poor

문법 Grammar

1 -(으)려다가

- -(으)려다가 is a contracted form of -(으)려고 하다가 and is attached to a verb stem, indicating something that the speakers intended or planned to do, but did not carry out the plans. 안, 못, -지 않다, 말다 are often followed by -(으)려다가.

- This takes two forms.
  a. If the stem ends in a vowel or ㄹ, -려다가 is attached.
  b. If the stem ends in a consonant (except for ㄹ), -으려다가 is attached.

- -(으)려다 can be used in written style instead of -(으)려다가.

(1) 가 : 어제 산 정장을 왜 안 입고 왔어요?
　　나 : 일하는 데 불편할 것 같아서 입으려다가 말았어요.
(2) 가 : 이 케이크도 수잔 씨가 만든 거예요?
　　나 : 아니요. 만들려다가 시간이 없어서 못 만들고 샀어요.
(3) 가 : 여자 친구 생일에 꽃을 보냈어요?
　　나 : 아니요. 선물로 꽃을 보내려다가 옷을 사 줬어요.
(4) 가 : 방학 때 제주도에 다녀왔어요?
　　나 : 아니요. _____.

2 -지 알다/모르다

- -지 알다/모르다 is attached to a verb, an adjective or 'noun+이다', indicating the speaker's acknowledgement or ignorance.

- This takes various forms as shown below.

	present	past	future/conjecture
verb & 있다/없다	-는지 알다/모르다	-았/었/였는지 알다/모르다	-(으)ㄹ지 알다/모르다
adjective & noun+이다	-(으)ㄴ지 알다/모르다		

(1) 가 : 돌 때 뭘 선물해야 하는지 알아요?
    나 : 아니요, 뭘 선물해야 하는지 몰라요.
(2) 가 : 미라 씨가 얼마나 많이 아픈지 알아요?
    나 : 아니요, 저도 잘 모르겠어요.
(3) 가 : 이 안에 든 것이 무엇인지 알아요?
    나 : 아니요, 몰라요. 열어 볼까요?
(4) 가 : 마이클이 매운 음식도 잘 먹을지 모르겠네요.
    나 : 걱정하지 마세요. 마이클 씨는 한국 음식을 다 잘 먹어요.
(5) 가 : 학생들이 이 책을 읽었는지 모르겠어요.
    나 : 아마 읽었을 거예요.
(6) 가 : 미키코 씨도 방학에 고향에 돌아간다고 해요?
    나 : 글쎄요. _____.

3 -도록 하다

- -도록 하다 is attached to a verb stem and used in command, suggestion, volition expressing the intended meanings indirectly.

(1) 가 : 영수 씨 집들이 선물로 뭘 사면 좋을까요?
    나 : 세제랑 비누를 사도록 하죠.
(2) 가 : 오늘은 너무 늦었으니까 내일 다시 이야기하도록 하세요.
    나 : 네. 알겠습니다.
(3) 가 : 내일은 몇 시까지 올 수 있어요?
    나 : 가능하면 일찍 오도록 하겠습니다.
(4) 가 : 친구 결혼식 때 어떤 선물을 사는 게 좋을까요?
    나 : _____.

제11과 사건 · 사고
Incidents · Accidents

Goals
You will be able to talk about the cause and result of an incident or an accident.

Topic	Incidents and accidents
Function	Explaining causes of an incident or an accident, Explaining the result of an accident
Activity	Listening : Listen to a conversation about a robbery accident, Listen to the news about accidents Speaking: Talk about an incident or an accident experience Reading : Read a newspaper article about an incident Writing : Write about your experience of an incident or an accident
Vocabulary	Accidents, Casualties, Property damages
Grammar	-는 바람에, -(으)로 인해서, Passivization
Pronunciation	Tensification after ㄹ in a Sino-Korean word
Culture	The miracle in 태안

제11과 사건·사고 Incidents·Accidents

도입 Introduction

1. 무슨 일이 있었을까요?

2. 이런 사건이나 사고에 대해 한국어로 설명할 수 있어요?

대화 & 이야기 Dialogue & Story

1

윤호: 수연아, 너네 하숙집에 도둑이 들었다면서? 괜찮아?
수연: 응. 우리 방은 괜찮은데, 앞 방 언니 물건이 몇 개 없어졌어.
윤호: 그런데 도둑이 어떻게 들어온 거야? 집에 사람이 아무도 없었어?
수연: 아래층에 하숙집 아줌마도 있었는데 2층 창문으로 들어온 것 같아.
윤호: 2층 창문이 열려 있었어?
수연: 응. 어제 앞 방 언니가 환기를 시킨다고 창문을 열어 놓고 나가는 바람에 그렇게 됐어.
윤호: 정말 놀랐겠다. 그래서 도둑은 잡혔어?
수연: 아니, 아직. 지금 경찰이 조사 중이야.
윤호: 그래도 사람은 안 다쳐서 다행이다.

New Vocabulary

도둑이 들다 to have a thief enter
아래층 the downstairs
환기 ventilation
잡히다 to be caught
조사 중 in the middle of investigation

2

마이클: 어, 저기 건물이 왜 그래? 완전히 다 탔네!
홍 위: 너 이야기 못 들었어? 어제 저기 3층에 있는 실험실에서 화재가 났잖아.
마이클: 그랬어? 어쩌다가 불이 났는데?
홍 위: 어떤 선배가 실험을 한다고 불을 켜 놓았는데 불 끄는 것을 잊어버리고 퇴근하는 바람에 불이 번졌다고 해.
마이클: 건물이 저렇게 다 탈 정도면 큰불이었겠네.
홍 위: 응. 어제 소방차도 오고 난리도 아니었어. 불이 난 지 한 시간 만에 꺼지기는 했는데 건물 전체가 다 탔어. 다행히 사람들은 다 퇴근한 뒤라서 인명 피해는 없었다고 해.
마이클: 실험실에 화재가 많이 난다고는 들었는데 이렇게 가까이에서 사고가 날 줄은 몰랐다. 앞으로 조심해야겠다.

New Vocabulary

건물이 타다 (building) to be burnt down
화재 fire
어쩌다가 how come
실험 experiment
번지다 to spread
소방차 fire truck
난리 mess
인명 피해 loss of lives

3

빗길 교통사고

오늘 오후 11시경 성북구 안암동에서 정모 씨가 몰던 승용차가 맞은편에서 오던 개인택시와 충돌했다. 경찰은 승용차가 커브를 돌다가 빗길에 미끄러지는 바람에 사고가 난 것으로 보고 있다.

이 사고로 인해 택시에 타고 있던 운전자 양모 씨 등 3명이 숨지고 정 씨와 같이 타고 있던 2명은 머리와 목 등을 다쳐 병원에 옮겨졌으나 생명에는 지장이 없는 것으로 알려졌다.

경찰은 커브를 돌 때 브레이크를 밟았으나 속력이 줄어들지 않았다는 정 씨의 진술을 토대로 브레이크 고장 등 정확한 사고 원인을 조사하고 있다.

New Vocabulary

빗길	wet road
모	Mr./Mrs. X
몰다	to drive
충돌하다	to crash
커브	curve
미끄러지다	to slip
숨지다	to die
지장이 없다	to have no difficulty in doing
생명	life
속력	speed
브레이크	brake
진술	statement
토대	based on
사고	accident
원인	cause
조사하다	to investigate

태안의 기적 The miracle in 태안

- 태안에서 있었던 사고에 대해 알고 있어요? 사진 속의 사람들이 무엇을 하고 있는지 알아요?
  Have you heard about the big oil spill in 태안? Do you know what these people are doing in the picture?

- 우리 주위에서 발생하는 많은 사고는 사실 인간의 실수로 인한 경우가 많습니다. 그러나 사고의 원인보다 더 중요한 것은 사고 처리입니다. 다음 글을 읽고 한국인이 경험한 큰 사고는 무엇이며 이를 어떻게 극복했는지 알아보세요.
  Tragic incidents are often caused by human negligence. However, what is more important is how the disaster was managed after the incident. Read the following passage to learn about the tragic incident and how Koreans overcame it.

 In December 2007, a crane barge collided with the crude carrier near the cost along Yellow Sea of Taean County. This collision resulted in the leaking of some 12,547㎘ of oil which was recorded as South Korea's worst oil spill ever. As a result, many beaches were contaminated with large tar lumps and the region's sea farms lost their stocks due to the spills.

The beaches were also tarred with the despair, but hundreds of thousands of volunteers helped to clean up, with approximately 1.3million volunteering during the month after the spill. With help from many organizations and individuals, 태안 quickly regained its original beauty in a year. The miracle of 태안 is now seen as an example of a tragedy that has been overcome by public cooperation.

- 여러분 나라에도 이처럼 안타까운 사건이 있어요? 어떤 사건인지 소개해 주세요.
  Do you know of any similar tragic incidents that occurred in your country? Discuss it with the class.

말하기 연습 Speaking Practice

1 그림을 보고 〈보기〉와 같이 이야기해 보세요.

보기

교통사고가 나다

가: 무슨 일이에요?
나: 교통사고가 났어요.

• 사고 1 Accidents 1

당하다 to have (an accident)
도둑을 맞다 to be robbed of
넘어지다 to fall down
물에 빠지다
to fall into the water

• New Vocabulary

소매치기 pocket-picking

❶
도둑을 맞다

❷
불이 나다

❸
물에 빠지다

❹
소매치기를 당하다

2 〈보기〉와 같이 이야기해 보세요.

보기
화재가 발생하다

가: 큰 사고가 났다면서요?
나: 네, 화재가 발생했다고 해요.

❶ 다리가 무너지다
❷ 비행기가 추락하다
❸ 가스가 폭발하다
❹ 건물이 무너지다
❺ 테러가 발생하다
❻ 배가 침몰하다

• 사고 2 Accidents 2

건물이 무너지다/붕괴되다
(building) to collapse
가스가 폭발하다
(gas) to explode
불이 나다/화재가 발생하다
(fire) to break out
비행기가 추락하다
(air plane) to crash into
배가 침몰하다 (ship) to sink
테러가 발생하다
(the war on terror) to break out

3 〈보기〉와 같이 이야기해 보세요.

> 보기
> 문을 안 잠그다
>
> 가: 어떻게 하다가 사고가 났어요?
> 나: 문을 안 잠그는 바람에 그렇게 됐어요.

• New Vocabulary
헛디디다 to slide down
깜박 for a moment
끼어들다 to break in
난로 fireplace
가스 stove
주전자 kettle

❶ 발을 헛디디다
❷ 눈길에 미끄러지다
❸ 피곤해서 깜박 졸다
❹ 뒤에 오는 차가 끼어들다
❺ 난로를 켜 놓고 나가다
❻ 가스 위에 주전자를 올려놓고 자다

4 〈보기〉와 같이 이야기해 보세요.

> 보기
> 엔진 고장
>
> 가: 어쩌다가 사고가 났어요?
> 나: 엔진 고장으로 인해 사고가 났어요.

• New Vocabulary
엔진 engine
부주의 carelessness
졸음운전 to doze off while driving
음주 운전 to drive when drunk
안전시설 safety facility

❶ 부주의　　❷ 졸음운전
❸ 음주 운전　❹ 안전시설 부족

5 〈보기〉와 같이 이야기해 보세요.

> 보기
> **승객이 부상을 당하다**
> 가: 사람이 많이 다쳤어요?
> 나: 승객이 부상을 당했어요.

❶ 전원 숨지다
❷ 운전자가 사망하다
❸ 2명이 실종돼서 찾고 있다
❹ 운전자가 다쳐 병원에 입원하다
❺ 1명이 사망하고 2명이 중상을 입다
❻ 부상자가 계속 나오고 있다

인명 피해 Casualties

죽다 to die
숨지다 to die
사망하다 to die
사망자 deceased victim
다치다 to get hurt
부상을 당하다 the injured
부상자 the injured
중상을 입다
to be seriously wounded
실종되다 to be missing
실종자 missing person

6 〈보기〉와 같이 이야기해 보세요.

> 보기
> **도둑이 들다 / 노트북하고 카메라를 가져가다**
> 가: 도둑이 들었다면서요?
> 나: 네. 노트북하고 카메라를 가져갔다고 해요.

❶ 불이 나다 / 1억 원의 재산 피해를 입다
❷ 교통사고가 나다 / 차가 부서지다
❸ 폭발이 일어나다 / 건물 유리창이 깨지다
❹ 화재가 발생하다 / 건물이 다 타다
❺ 열차 사고가 나다 / 열차 운행이 모두 중단되다
❻ 건물이 무너지다 / 난장판이 되다

재산 피해 Property damages

-의 재산 피해를 입다
one's property is to be damaged
열차 운행이 중단되다
train operation is to be suspended
유리창이 깨지다
(window) to be broken
차가 부서지다
(car) to be smashed
난장판이 되다 to be a mess
건물이 타다
(building) to be burnt down

7 그림을 보고 〈보기〉와 같이 이야기해 보세요.

도둑을 잡았어요.
➡ 도둑이 잡혔어요.

보기: 도둑을 잡다

• 피동 동사 1 Passive verbs 1

쌓이다 to be piled up
잡히다 to be caught
열리다 to be opened
닫히다 to be closed
밀리다 to be pushed
끊기다 to be cut
막히다 to be blocked
들리다 to be heard
풀리다 to be solved
팔리다 to be sold
안기다 to be embraced
덮이다 to be covered
놓이다 to be placed down
쓰이다 to be written
쫓기다 to be chased after

① 문을 열다

② 눈을 쌓다

③ 길을 막다

④ 다리를 끊다

8 그림을 보고 〈보기〉와 같이 이야기해 보세요.

편지를 찢었어요.
➡ 편지가 찢어졌어요.

보기: 편지를 찢다

• 피동 동사 2 Passive verbs 2

꺼지다 to die out
깨지다 to be broken
이루어지다 to be accomplished
써지다 to be written
구부러지다 to be bent
만들어지다 to be made
펴지다 to get unfolded
찢어지다 to be torn

① 불을 끄다

② 글씨를 쓰다

③ 가로등을 깨다

④ 길을 만들다

9 다음 그림을 보고 사고가 일어난 경위와 결과에 대해 〈보기〉와 같이 설명해 보세요.

보기

가: 도둑이 들었다면서요?
나: 네. 밖에 잠깐 나갔다 왔는데 그 사이 들어온 것 같아요.
가: 어떻게 들어온 거예요? 문을 안 잠갔어요?
나: 제가 창문을 잠그는 걸 잊어버리는 바람에 창문으로 도둑이 들어왔나 봐요. 분명히 창문을 닫고 나갔는데 들어와 보니 이렇게 열려 있었어요.
가: 사람은 안 다쳐서 다행인데 집이 엉망이네요.
나: 네. 거울도 깨지고 서랍도 열려 있고요.

발음 Pronunciation

Tensification after ㄹ in a Sino-Korean word

발생　　실종
[발쌩]　　[실쫑]

In the case of Sino-Korean words, when the preceding syllable-final consonant ㄹ is followed by ㄱ, ㄷ, ㅂ, ㅅ, ㅈ, ㄷ, ㅅ, ㅈ are tensified to [ㄸ, ㅆ, ㅉ], ㄹ and ㄷ, ㅅ, ㅈ are pronounced in similar in-mouth location.

▶ 연습해 보세요.

(1) 가: 실종 사건이 발생했어?
　　나: 네. 그런데 실종자를 발견했어요.
(2) 가: 네가 실수를 한 거야?
　　나: 응, 내가 말실수를 좀 했어.
(3) 가: 전보다 많이 발전했네요.
　　나: 연습을 열심히 했거든요.

New Vocabulary

엉망이다 to be a mess

| 활동 | Activity |

🎧 Listening_듣기

1 다음은 사고에 대해 이야기를 나누는 대화입니다. 잘 듣고 아래의 내용이 맞으면 ○, 틀리면 × 에 표시하세요.
Listen to the people talk about the accident. Listen carefully and mark the following statements as either O or X.

1) 문을 잠그고 나갔지만 도둑이 들어왔다. ○ ×
2) 물건을 잃어버렸지만 인명 피해는 없었다. ○ ×
3) 잃어버린 물건은 경찰에 신고해서 다시 찾았다. ○ ×

• **New Vocabulary**
생활비 living expenses
현관문 front door
잠기다 to be locked

2 다음은 사고에 관한 뉴스입니다. 잘 듣고 질문에 대답하세요.
Listen to the TV reports on accidents. Listen carefully and answer the questions.

● 다음 그림을 보며 어떤 사고인지 이야기해 보세요.
Look at the following pictures and discuss about the accidents.

• **New Vocabulary**
수락산 Suraksan(mountain)
정상 top (of mountain)
부근 adjacent area
전미동 Jeonmidong(district)
내부 interior
소방당국 The Fire department
등산로 hiking trail
날이 건조하다 (weather) to be dry

● 뉴스를 들으면서 사고의 원인이나 결과로 알맞은 것을 고르세요.
Listen to the news and choose the correct causes/results of the accidents.

1) 첫 번째 뉴스
   ❶ 등산로가 미끄러워 사고가 났다.
   ❷ 이 사고로 인해 사망자가 발생했다.

2) 두 번째 뉴스
   ❶ 날이 건조해 화재가 났다.
   ❷ 이 화재로 인해 인명 피해가 발생했다.

Speaking_말하기

1 여러분은 어떤 사건·사고를 경험한 적이 있어요? 3~4명이 한 조가 되어 경험을 이야기해 보세요.
Have you ever been in an incident or an accident? Get into groups of 3-4 and discuss your experience.

- 다음에 대해 생각해 보세요.
  Consider the following questions.

  1) 무슨 사건·사고입니까?

  2) 언제, 어디에서 생긴 일입니까?

  3) 사건·사고의 원인은 무엇입니까?

  4) 사건·사고의 결과는 어떻게 됐어요?

- 여러분이 경험한 사건·사고에 대해 이야기해 보세요.
  Talk about an incident or an accident that happened to you.

2 여러분 나라에서 최근에 일어났던 큰 사고에 대해 이야기해 보세요.
Talk about a disaster that occurred in your country recently.

- 여러분 나라에서 있었던 큰 사고에 대해 조사해 오세요.
  Research a large-scale disaster that occurred in your country.

- 조사한 내용을 일시, 장소, 원인, 결과로 정리해 메모해 보세요.
  Organize your research findings into date, location, cause(s) and result.

- 메모를 보며 한 사람씩 발표해 보세요.
  Take turns presenting your findings.

Incidents·Accidents

Reading_읽기

1 다음은 사건에 관한 신문기사입니다. 잘 읽고 질문에 답하세요.
The following is a newspaper article on an incident. Read it carefully and answer the questions.

● 먼저 제목을 읽어 보세요. 그리고 어떤 사건일지 이야기해 보세요.
First, read the headline and predict what the article may be about.

NEWS

하필이면 여자 경찰관 주머니를……!

여성의 지갑만 주로 훔치던 소매치기가 하필이면 외출 나온 여자 경찰관의 지갑에 손을 대는 바람에 잡히게 되었다.

제주도에서 근무하는 김모(여. 34) 경찰은 서울에 연수를 받으러 와 수업이 끝난 후 서울 명동으로 외출을 나왔다.

김 순경은 쇼핑을 즐기던 중 한 남자가 자신을 살짝 스치고 지나갈 때 ㉠<u>낌새가 이상해</u> 곧바로 가방을 살펴본 후 지갑이 없어진 것을 알았다. 주변을 살피다가 10m 뒤에서 자신의 지갑을 들고 서 있던 이모 씨(40)를 발견한 김 순경은 동료 여경들과 함께 이 씨를 붙잡아 인근 경찰서에 넘겼다.

경찰 관계자는 일반인이면 모르고 넘어갈 상황에서 여자 경찰관의 활약으로 소매치기를 잡을 수 있었다고 설명했다.

● 기사를 읽고 아래의 내용이 맞으면 ○, 틀리면 × 에 표시하세요.
Read the article and mark the following statements as either O or X.

1) 제주도에서 일어난 사건이다.   ○ ×
2) 소매치기한 범인은 현장에서 잡혔다.   ○ ×
3) 잃어버린 지갑을 경찰관이 찾아 주었다.   ○ ×

● 전체 기사를 다시 읽으면서 ㉠의 의미를 추측해 보세요.
Read the article again and figure out the meaning of ㉠.

New Vocabulary

하필이면 of all things (in the world)
훔치다 to rob
연수 training
순경 police
스치다 to get past
인근 neighboring area
관계자 person related to the matter
일반인 civilian
넘어가다 to go over (something)
활약 active response
현장 place of incident

Writing_쓰기

1 자신이 경험한 사건 · 사고에 대한 글을 써 보세요.
Write about an incident or an accident you experienced.

- 다음 표를 완성해 보세요.
  Complete the following table.

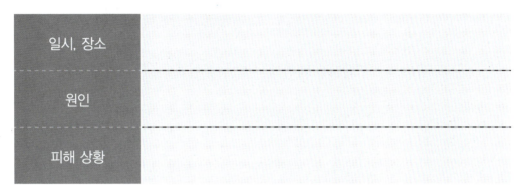

일시, 장소	
원인	
피해 상황	

- 위의 표를 바탕으로 자신이 경험한 사건 · 사고에 대한 글을 써 보세요.
  Based on the table, write a composition about an incident or an accident you experienced.

자기 평가 — Self-Check

- 사건 · 사고의 경험을 이야기할 수 있어요?
  Are you able to talk about the incident or accident you experienced?
  Excellent ●―●―●―● Poor

- 사고의 원인과 결과에 대해 설명할 수 있어요?
  Are you able to explain the cause and result of accident?
  Excellent ●―●―●―● Poor

- 사건 · 사고에 관한 글을 읽고 쓸 수 있어요?
  Are you able to read and write about incident or accident news?
  Excellent ●―●―●―● Poor

문법 Grammar

1 -는 바람에

- -는 바람에 is attached to a verb stem, indicating the outcome resulted by unexpected behavior mentioned in front of -는 바람에.

    (1) 가 : 어쩌다가 사고가 났어요?
        나 : 길에서 미끄러지는 바람에 사고가 났어요.
    (2) 가 : 왜 늦었어요?
        나 : 버스를 잘못 타는 바람에 늦었어요.
    (3) 가 : 아직 다 못 끝냈어요?
        나 : 네. 전화가 계속 오는 바람에 일을 할 수가 없었어요.
    (4) 가 : 어쩌다가 사고가 났어요?
        나 : _____.

2 -(으)로 인해서

- -(으)로 인해서 is attached to a noun, indicating the result caused by the noun.
- This takes two forms.
    a. If the noun ends in a vowel or ㄹ, -로 인해서 is used.
    b. If the noun ends in a consonant (except for ㄹ), -으로 인해서 is used.
- It is often used in formal setting such as official document. -(으)로, -(으)로 인해 forms are also often used instead.

    (1) 가 : 교통사고가 난 원인이 뭐예요?
        나 : 음주 운전으로 인해 사고가 난 것 같아요.
    (2) 가 : 많이 아팠다면서요?
        나 : 네. 감기로 며칠 동안 고생했어요.
    (3) 가 : 회사를 그만두신다고요?
        나 : 저로 인해 생긴 일이니 제가 책임을 져야지요.
    (4) 가 : 사고의 피해가 어느 정도입니까?
        나 : _____.

3 Passivization

- A subject is doing something by one's own will in 'active (능동)' sentence, while a subject is influenced by another person's behavior in 'passive (피동)' sentence.

  엄마가 아기를 안았다. (active)

  아기가 엄마에게 안겼다. (passive)

- There are two ways to passivize, [affix passivization] and [-아/어/여지다 passivization].

3-1 Affix passivization

- Passivizing affixes -이-, -히-, -리-, -기- are attached to a certain type of verb stem. There is no regularity.
- Examples of passive verbs

보이다, 쓰이다, 놓이다, 쌓이다, 섞이다,
깎이다, 바뀌다, 묶이다, 파이다

안기다, 씻기다, 감기다, 찢기다, 쫓기다,
끊기다

팔리다, 몰리다, 밀리다, 풀리다, 열리다,
걸리다, 들리다, 눌리다, 물리다

먹히다, 읽히다, 잡히다, 밟히다, 접히다,
닫히다, 묻히다, 박히다, 얹히다

New Vocabulary

섞이다 to be mixed
깎이다 to be cut
바뀌다 to be changed
묶이다 to be tied up
파이다 to be dug
씻기다 to be washed
감기다 to be wounded
찢기다 to be torn
물리다 to be bitten
먹히다 to be eaten
읽히다 to be read
밟히다 to be stepped on
접히다 to be folded
묻히다 to be buried
박히다 to be stuck
얹히다 to be piled up

(1) 가 : 영진 씨가 문을 열었어요?
　　나 : 아니요, 제가 왔을 때 문이 열려 있었어요.
(2) 가 : 도둑을 어디에서 잡았다고 해요?
　　나 : 현장에서 돌아다니다가 잡혔다고 해요.
(3) 가 : 그 동네에 비가 많이 왔다는데 괜찮아요?
　　나 : 어제 내린 비로 강물이 넘쳐서 다리도 끊겼어요.
(4) 가 : 신발이 더러워졌네요.
　　나 : 네. 아침에 버스 안에서 옆 사람에게 발을 _____.

Incidents · Accidents **195**

3-2 −아/어/여지다 passivization

- -아/어/여지다 is attached to the predicate of active sentence. This rule applies to the verbs that cannot be simply passivized by affixes.

- Examples of passive verbs

  써지다, 깨지다, 찢어지다, 주어지다, 펴지다, 이루어지다, 꺼지다

  New Vocabulary
  주어지다 to be given

(1) 가 : 이제 산불이 꺼졌어요?
    나 : 아직이요. 바람이 불어서 잘 안 꺼지나 봐요.
(2) 가 : 저 이번 주 토요일에 은지 씨랑 데이트하기로 했어요.
    나 : 드디어 소원이 이루어졌네요. 축하해요.
(3) 가 : 주어진 시간이 얼마 없으니까 서두르세요.
    나 : 죄송한데 다른 종이를 주시겠어요? 이건 잘 찢어져서요.
(4) 가 : 이거 누가 깼어요?
    나 : 모르겠어요. 제가 봤을 때에도 이미 _____.

MEMO

제12과 실수 · 후회
Mistakes · Regrets

Goals
You will be able to learn and use mistake and regret related expressions.

Topic	Mistakes and regrets
Function	Talking about making mistakes, Talking about regrets
Activity	Listening : Listen to something that was done by mistake, Listen to regrets
	Speaking : Talk about something you did by mistake, Talk about something you regret
	Reading : Read a passage about something done by mistake
	Writing : Write a passage about something you regret
Vocabulary	Caution · Incaution
Grammar	-느라고, -(으)ㄹ 뻔하다, -(으)ㄴ 채, -(으)ㄹ걸 그랬다
Pronunciation	Insertion of ㄴ sound
Culture	'소 잃고 외양간 고친다'

제12과 실수·후회 Mistakes·Regrets

| 도입 | Introduction |

1. 이 사람은 지금 기분이 어떨까요? 이런 기분을 어떻게 이야기하면 좋을까요?

2. 여러분은 어떤 실수를 해 본 적이 있어요? 또 후회하는 일이 있어요?

대화 & 이야기 — Dialogue & Story

1

동규: 제니 씨는 한국 사람처럼 말을 잘하는 것 같아요.
제니: 잘하기는요. 그동안 한국어를 잘 못해서 실수도 많이 했는데요.
동규: 제니 씨가 그런 때가 있었어요?
제니: 네. 처음에 한국어를 친구한테 배워서 반말밖에 몰랐거든요.
동규: 정말이에요? 그래서 어떻게 되었어요?
제니: 학교에서 높임말을 배우지 않았다면 높임말이 있다는 것도 모르는 채 살았을 거예요.
동규: 그럼 이젠 그런 일이 없겠네요.
제니: 그런데 급하거나 당황하면 가끔 반말이 먼저 튀어나와서 사장님께 반말로 이야기할 뻔한 적도 있어요.

New Vocabulary
튀어나오다 to rush out

2

윤영: 너, 그 남자 알지? 옛날에 나 쫓아다니던 남자 말이야. 그 남자를 어제 길에서 봤는데, 너무 멋있어져서 깜짝 놀랐어.
정화: 정말? 그 사람 별로였잖아.
윤영: 맞아. 나 쫓아다닐 때는 그랬었지. 그런데, 사람이 완전히 달라진 거 있지. 그때 그냥 한번 사귀어 볼걸 그랬어.
정화: 그때는 취직 시험 준비하느라고 외모에 신경을 안 써서 그랬나?
윤영: 그런가 봐. 내가 어려서 사람 볼 줄을 몰랐지. 게다가 얘기를 들어 보니까 좋은 회사에 취직도 했고 곧 결혼할 건가 봐.
정화: 그래? 정말 아깝다. 그때 잘했으면 좋았을 텐데.
윤영: 이제 와서 후회해도 소용없지, 뭐.

New Vocabulary
게다가 in addition
아깝다 what a pity (loss)
후회하다 to regret
소용없다 to be useless

3

이제 다음 달이면 한국어 공부를 끝마치고 고향으로 돌아가야 하지만 여러 가지로 후회되는 일이 많다.

무엇보다도 한국어 공부를 열심히 하지 않아서 성적이 별로 좋지 않았다. 처음에 한국에 올 때는 한국에 있는 대학교에 가야겠다고 생각했다. 그렇지만 매일 밤늦게까지 친구들과 노느라고 공부는 별로 안 하고 수업 시간에도 지각하고 결석을 자주 해서 한국어 성적이 좋지 않았다.

또 하나는 친구를 많이 사귀지 못한 것이다. 한국에서는 한국 친구나 다른 외국인 친구들을 사귈 수 있는 기회가 많았다. 그렇지만 나는 늘 고향 친구들하고만 어울렸기 때문에 한국 친구나 다른 외국 친구들과 친해지지 못했다. 좀 더 여러 사람들과 친하게 지낼걸 그랬다. 그랬다면 지금 한국어 실력도 많이 늘었을 것이고 외국 친구들도 더 많이 사귀었을 것이다. 그리고 이렇게 많은 후회를 남긴 채 돌아가지 않아도 되었을 것이다.

> **New Vocabulary**
> 지각하다 to be late
> 결석하다 to be absent
> 늘 all the time

'소 잃고 외양간 고친다'
'One fixes up the cow house after the ox is stolen'

- 여러분은 '소 잃고 외양간 고친다'라는 말을 들어 본 적이 있어요?
  Have you heard the proverb 소 잃고 외양간 고친다?

- 다음은 '소 잃고 외양간 고친다'라는 속담에 대한 소개입니다. 다음 글을 읽고 이 속담의 의미를 생각해 보세요.
  The following passage explains the proverb. Read the following and think about the meaning behind the proverb.

 소 잃고 외양간 고친다 is used in situations when one makes a great fuss about fixing something after it is too late to do so. In other words, there is no point in regretting when things have already gone wrong. People sometimes regret after something has happened, but regretting doesn't change the result. Hence, you should be careful beforehand so that you won't be faced with any regrets later.

- 여러분 나라에도 이런 의미를 가진 속담이 있어요?
  Are there any similar proverbs in your country?

말하기 연습 — Speaking Practice

1 〈보기〉와 같이 이야기해 보세요.

> 보기
> **옷에 커피를 쏟다**
> 가: 어떻게 해요.
> 나: 무슨 일인데요?
> 가: 옷에 커피를 쏟았어요.

● New Vocabulary
쏟다 to spill
국물 soup
튀다 to splash
짝짝이 uneven

❶ 약속이 있는데 깜박 잊다
❷ 문을 안 잠그고 오다
❸ 메일을 잘못 보내다
❹ 전화기를 두고 오다
❺ 옷에 국물이 튀다
❻ 양말을 짝짝이로 신다

● 발음 Pronunciation

Insertion of ㄴ sound

웬일   안암역
[웬닐]   [아남녁]

In the case of a compound word, ㄴ is affixed between two words when the following word begins with a vowel / ㅣ/ (e.g. 일, 이야기) or a glide / j / (e.g. 역, 요) and when a preceding word has a final consonant. However, individual recognition on compounding degree may differ, thus insertion of ㄴ may or may not occur accordingly.

▶ 연습해 보세요.
(1) 가: 여기에는 무슨 일이야?
    나: 할 이야기가 있어서요.
(2) 가: 고려대역에서 내려요?
    나: 아니요, 안암역에서 내려요.
(3) 가: 우리 가족 이름은 다 꽃 이름이에요.
    나: 정말요? 별일이네요.

2 〈보기〉와 같이 이야기해 보세요.

> 보기
> **친구한테 전화하다, 앞을 못 보다**
> 가: 어쩌다가 그랬어요?
> 나: 친구한테 전화하느라고 앞을 못 봤어요.

❶ 자다, 정신이 없다
❷ 무거운 짐을 들고 가다, 손을 쓸 수가 없다
❸ 전화를 하다, 사람이 오는 것을 못 보다
❹ 지하철에서 졸다, 방송을 못 듣다
❺ 전화를 받다, 신호를 못 보다
❻ 친구하고 떠들다, 선생님 말씀을 못 듣다

● New Vocabulary
신호 traffic light

3 〈보기〉와 같이 이야기해 보세요.

보기	
자다가 버스에서 못 내리다 / 자다, 방송을 못 듣다	가: 자다가 버스에서 못 내릴 뻔했어요. 나: 어쩌다가 그랬어요? 가: 자느라고 방송을 못 들었거든요.

• New Vocabulary

부딪히다 to bump into
출석 attendance

• Language tip

The expression 죽을 뻔하다 is often used to exaggerate an occurrence that almost reached near to a certain situation.

❶ 교통사고가 나다 / 전화를 받다, 신호를 못 보다
❷ 앞에 오던 사람과 부딪히다 / 이야기를 하다, 앞을 못 보다
❸ 출석을 부를 때 대답을 못 하다 / 친구와 떠들다, 이름을 못 듣다
❹ 커피를 쏟다 / 다른 데 보다, 앞에 있는 계단을 못 보다
❺ 양말을 짝짝이로 신다 / 텔레비전을 보다, 정신이 없다
❻ 약속에 늦다 / 친구하고 이야기하다, 시간이 그렇게 된 줄 모르다

4 〈보기〉와 같이 이야기해 보세요.

보기	
지퍼를 열다, 학교까지 오다	가: 나 어떡해. 나: 왜? 무슨 일인데? 가: 지퍼를 연 채 학교까지 왔어.

• New Vocabulary

전깃불 light
눈썹 eyebrow
슬리퍼 slippers
거꾸로 inside out

❶ 전깃불을 켜 두다, 학교에 오다
❷ 지갑을 화장실에 두다, 그냥 나오다
❸ 안경을 쓰다, 세수를 하다
❹ 눈썹을 한쪽만 그리다, 외출하다
❺ 슬리퍼를 신다, 회사에 가다
❻ 옷을 거꾸로 입다, 여기까지 오다

5 〈보기〉와 같이 이야기해 보세요.

> **보기**
> 지갑을 잃어버리다, 정신 좀 차리다
> → 또 지갑을 잃어버렸어요. 정신 좀 차려야겠어요.

주의 · 부주의
Caution · Incaution

조심하다 to be careful
정신을 차리다 to collect oneself together
주의하다 to be cautious
신경을 쓰다 to pay attention
딴 생각을 하다 to think about something else
한눈팔다 to take one's eyes off

❶ 약속을 잊어버리다, 항상 신경을 쓰다
❷ 메일에 파일을 첨부하는 것을 깜박하다, 정신을 차리다
❸ 옷에 국물을 흘리다, 앞으로 주의하다
❹ 길을 가다가 넘어질 뻔하다, 걸어다닐 때 딴 생각을 하지 말다
❺ 길 가던 사람과 부딪히다, 길에서 한눈팔지 말다
❻ 약속에 늦어서 친구가 화가 나다, 앞으로 조심하다

New Vocabulary

파일 file
첨부하다 to attach

6 〈보기〉와 같이 실수한 경험을 친구와 이야기해 보세요.

> **보기**
> 버스에 가방을 두고 내리다
>
> 가: 나 어떡해요.
> 나: 무슨 일이 있어요?
> 가: 네. 버스에 가방을 두고 내렸어요.
> 나: 어쩌다가 그랬어요?
> 가: 친구하고 전화하느라고 정신이 없어서 그랬어요. 어떻게 해요?
> 나: 얼른 버스 회사에 전화해 보세요.

New Vocabulary

얼른 quickly

❶ 길에서 넘어져서 다치다
❷ 신발을 신고 방 안에 들어가다

7 〈보기〉와 같이 이야기해 보세요.

> 보기
> 시험이 생각보다
> 어려웠다 / 공부를
> 열심히 하다
>
> 가: 시험이 생각보다 어려웠다면서요?
> 나: 네. 공부를 열심히 할걸 그랬어요.

❶ 시험 성적이 너무 나쁘다 / 놀지 말고 공부하다
❷ 곧 고향으로 돌아가다 / 한국 여행을 많이 하다
❸ 할머니께서 돌아가셨다 / 자주 찾아뵈다
❹ 건강이 많이 안 좋아졌다 / 건강에 신경을 쓰다
❺ 남자 친구와 헤어졌다 / 조금만 참다
❻ 회사를 그만뒀다 / 일을 좀 더 잘하다

8 〈보기〉와 같이 이야기하고, 후회되는 일에 대해 친구와 이야기해 보세요.

> 보기
> 고등학교 때 열심히
> 공부하지 않다
>
> 가: 지금까지 살면서 가장 후회스러운 것이 뭐예요?
> 나: 고등학교 때 열심히 공부하지 않은 것이 가장 후회돼요.

• New Vocabulary
후회스럽다 to be regretful
돌보다 to take care of
저금을 하다 to save (money)

❶ 부모님 말씀을 잘 듣지 않다
❷ 건강을 돌보지 않다
❸ 여자 친구와 헤어지다
❹ 자주 여행을 하지 못하다
❺ 좋은 친구들을 많이 사귀지 않다
❻ 저금을 별로 못 하다

9 여러분이 한 일 중에 어떤 일이 후회돼요? 〈보기〉와 같이 후회되는 일에 대해 친구와 이야기해 보세요.

> **보기**
> 가: 미라 씨는 부모님께 잘못한 일 중에 가장 후회되는 일이 뭐예요?
> 나: 부모님과 자주 이야기를 하지 못한 것이 가장 후회스러워요.
> 가: 왜 부모님과 자주 이야기를 안 했어요?
> 나: 친구들과 매일 노느라고 항상 늦게 들어갔거든요.
> 가: 요즘은 부모님과 떨어져 사니까 부모님 생각이 많이 나지요?
> 나: 네. 그래서 부모님 곁에 있을 때 좀 더 잘해 드릴걸 그랬다는 후회를 해요.

• New Vocabulary
곁 one's side

❶ 부모님에게 잘못한 일
❷ 친구에게 잘못한 일
❸ 최선을 다하지 못한 일

활동 Activity

Listening_듣기

1 다음은 어떤 사람의 실수에 대해 이야기하는 대화입니다. 잘 듣고 아래의 내용이 맞으면 ○, 틀리면 ×에 표시하세요.
Listen to the peolpe talk about something that was done by mistake. Listen carefully and mark the following statements as either O or X.

1) 남자는 길에서 친구를 만났다.   ○ ×
2) 남자는 길에서 만난 사람에게 인사를 했다. ○ ×
3) 여자는 남자의 말을 듣고 깜짝 놀랐다. ○ ×

New Vocabulary
비슷하다 to be similar

2 다음은 우정에 대한 어떤 사람의 생각을 설명하는 이야기입니다. 잘 듣고 질문에 대답하세요.
Listen to someone talk about his/her personal opinion on friendships. Listen carefully and answer the questions.

1) 무엇에 대한 이야기입니까?
   ☐ 실수   ☐ 후회

2) 이 사람은 앞으로 친구와 의견이 다를 때 어떻게 할 것입니까?
   ☐ 내 의견을 들어 달라고 한다
   ☐ 친구의 의견을 들어주려고 한다.

New Vocabulary
입장 position
심각하다 to be serious
의견 opinion
후회가 들다 to regret
사소하다 to be trivial

🎤 Speaking_말하기

1 여러분은 어떤 실수를 한 적이 있어요? 친구들과 이야기해 보세요.
Have you made any mistakes? Discuss them with the class.

- 다음에 대해 생각해 보세요.
  Consider the following questions.

  1) 언제, 누구한테 실수를 했어요?

  2) 어떤 실수를 했어요?

- 옆 친구와 실수한 일에 대해 이야기해 보세요.
  Talk with your friend about your past mistakes.

2 여러분은 가장 후회되는 일이 무엇입니까? 3~4명이 한 조가 되어 이야기해 보세요.
What do you regret the most? Get into groups of 3~4 and discuss it with your group.

- 다음을 메모해 보세요. Take notes by answering the following questions.

후회되는 일이 뭐예요?	
왜 그렇게 했어요?	
그런 후회를 다시 안 하려면 어떻게 해야 돼요?	

- 친구들과 후회되는 일에 대해 이야기해 보세요.
  Talk about things that you regret with your group.

- 친구들의 이야기를 듣고 여러분도 그런 비슷한 후회를 한 적이 있는지 이야기해 보세요.
  Listen to your classmate's presentation and talk about similar regrets that you had.

📖 Reading_읽기

1 다음을 잘 읽고 질문에 답하세요.
Read the following and answer the questions.

> 사람들은 언제나 실수를 하지 않으려고 노력한다. 그러나 실수가 언제나 나쁜 것만은 아니다. 인류의 역사에는 우연한 실수가 위대한 발견으로 이어진 경우가 많다.
>
> 콜럼버스가 아메리카 대륙을 발견한 것도 인도로 가던 중에 아메리카 대륙을 인도라고 믿은 실수에서 비롯된 것이었다. 또한 노벨이 발명한 다이너마이트에 없어서는 안 될 물질인 '젤라틴' 역시 우연한 실수로 얻어진 것이다. 노벨이 깜박 잊고 손의 상처에 약을 바른 채 실험을 하다가 그 물질이 굳어 우연히 얻어진 것이었다. 그리고 해열제로 많은 사람들이 사용하고 있는 '아스피린' 역시 약국의 주인이 '나프탈렌'을 잘못 알아듣고 준 '안티피린'이라는 약에서 힌트를 얻어 만들어진 약이다.

New Vocabulary

인류 human kind
발견 discover
대륙 continent
비롯되다 to originate
발명하다 to invent
다이너마이트 dynamite
물질 materials
젤라틴 gelatin
얻다 to obtain
굳다 to harden
해열제 medicine for fever
아스피린 aspirin
나프탈렌 naphthalene
힌트 hint

1) 이 글의 제목으로 알맞은 것을 고르세요.
Choose the title that best suits the above passage.

 ❶ 다이너마이트의 역사

 ❷ 위대한 발명가의 일생

 ❸ 실수가 만들어 낸 발견과 발명

2) 이 글에서 소개하고 있는 발견과 발명이 무엇인지 이야기해 보세요.
Discuss about the discovery and invention described above.

3) 이 외에 여러분이 알고 있는 실수에 의한 발견·발명에 대해 이야기해 보세요.
Do you know any discovery or invention caused by one's accidental mistake? Discuss it with the class.

✏️ Writing_쓰기

1 여러분은 지금까지 살면서 가장 후회되는 일이 무엇입니까? 후회하는 일에 대해 써 보세요.
What do you regret the most in your life? Write about something you regret.

- 가장 후회하는 일을 세 가지 정도 메모해 보세요.
  Write three things that you regret the most.

- 왜 그런 일이 생겼어요? 그리고 그 일이 없었다면 지금 어떻게 되었을까요? 메모해 보세요.
  Why do you think it happened? And if such event did not occur what kind of result would you expect? Take notes.

- 메모한 내용을 바탕으로 여러분이 후회하는 일에 대해 써 보세요.
  Based on your notes, write a composition about something that you regret.

자기 평가 — Self-Check

- 실수한 일에 대해 이야기할 수 있어요?
  Are you able to talk about your mistakes?
  Excellent ●—●—●—● Poor

- 후회하는 일에 대해 이야기할 수 있어요?
  Are you able to talk about your regrets?
  Excellent ●—●—●—● Poor

- 실수와 후회에 대한 글을 읽고 쓸 수 있어요?
  Are you able to read and write about mistakes/regrets?
  Excellent ●—●—●—● Poor

문법 Grammar

1 -느라고

- -느라고 is attached to a verb stem, indicating that the following clause is not completed successfully due to the preceding clause.

- Generally 'A 하느라고 B를 안/못 했다' form (it is used when someone is supposed to do two things at the same time, but A was achieved, and B was not) or 'A 하느라고 바쁘다/힘들다/피곤하다/정신이 없다/늦다/잊어버리다' is used.

(1) 가: 부모님이 옆에 계실 때 좀 더 잘해 드리지 못해서 후회돼요.
　　나: 다 그렇지요. 저도 공부하느라고 부모님께 전화도 한 번 못 드렸어요.
(2) 가: 영진 씨는 요즘 많이 바빠요?
　　나: 네, 결혼 준비하느라고 정신이 없던데요.
(3) 가: 김 선생님께 전화드렸어요?
　　나: 아니요, 다른 일을 하느라고 아직 못 했어요.
(4) 가: 어제 왜 학교에 안 왔어요?
　　나: _____.

2 -(으)ㄹ 뻔하다

- -(으)ㄹ 뻔하다 is attached to a verb stem and used in -(으)ㄹ 뻔했다 form, indicating that the past event was almost near to a completing state.

- This takes two forms.
　a. If the stem ends in a vowel or ㄹ, -ㄹ 뻔하다 is used.
　b. If the stem ends in a consonant (except for ㄹ), -을 뻔하다 is used.

(1) 가: 왜 그렇게 얼굴이 빨개졌어요?
　　나: 방금 전에 길에서 넘어질 뻔했거든요.
(2) 가: 많이 아팠지요?
　　나: 네, 너무 아파서 죽을 뻔했어요.
(3) 가: 영화 재미있었어요?
　　나: 네, 너무 감동적이어서 울 뻔했어요.
(4) 가: 수미 씨 만나고 왔어요?
　　나: 네. 그런데 수미 씨가 장소를 잘못 알아서 _____.

3 -(으)ㄴ 채

- -(으)ㄴ 채 is attached to a verb stem, indicating that the second action is being made while the preceding action is completed and maintained.

- This takes two forms.
    a. If the stem ends in a vowel or ㄹ, -ㄴ 채 is used.
    b. If the stem ends in a consonant (except for ㄹ), -은 채 is used.

- -로 gets deleted in -(으)ㄴ 채로 form.

    (1) 가: 안경이 왜 그래요?
        나: 정신이 없어서 안경을 쓴 채 세수를 했어요.
    (2) 가: 감기에 걸렸나 봐요.
        나: 네. 어제 창문을 열어 놓은 채 잤거든요.
    (3) 가: 한국에서 살면서 재미있는 실수를 한 적이 있어요?
        나: 한국 친구 집에 갔을 때 신발을 신은 채 들어간 적이 있어요.
    (4) 가: 집에서 나올 때 불은 다 끄고 나왔지요?
        나: 어쩌지요? 깜박하고 _____.

4 -(으)ㄹ걸 그랬다

- -(으)ㄹ걸 그랬다 is attached to a verb stem, indicating one's upset mind or regret for not doing something.

- This takes two forms.
    a. If the stem ends in a vowel or ㄹ, -ㄹ걸 그랬다 is used.
    b. If the stem ends in a consonant (except for ㄹ), -을걸 그랬다 is used.

    (1) 가: 길이 많이 막혔나 봐요.
        나: 네. 지하철을 타고 올걸 그랬어요.
    (2) 가: 날씨가 생각보다 춥네요.
        나: 네. 옷을 많이 입을걸 그랬어요.
    (3) 가: 음식이 모자라는 것 같아요.
        나: 좀 많이 만들걸 그랬어요.
    (4) 가: 기차표가 없어요?
        나: 네. _____.

> **New Vocabulary**
> 모자라다 to be short of

제13과 직장
Workplace

Goals
You will be able to talk about the workplace you desire.

Topic	Workplace
Function	Explaining your priority when selecting a workplace, Advising someone on the choice of a workplace
Activity	Listening : Listen to a conversation about one's priority when selecting a workplace
	Speaking : Explain one desired workplace, Present the result of survey on the priority of selecting a workplace
	Reading : Read a newspaper article about selecting a workplace
	Writing : Write about one's priority when selecting a workplace
Vocabulary	Priority when selecting a workplace, Working conditions
Grammar	-다면, -다 보니, -지
Pronunciation	Intonation in the focus
Culture	Recent job hunting standards of Korean college students

제13과 직장 Workplace

도입 Introduction

1. 이 사람들은 무엇을 하고 있을까요?

2. 여러분은 어떤 직장에 다니고 싶어요?

대화 & 이야기   Dialogue & Story

1

산드라: 미키 씨는 졸업한 후에 어떤 곳에서 일하고 싶어요?
미 키: 저는 좀 안정된 직장에서 일하고 싶어요. 아무리 좋은 곳이라도 언제 그만둬야 할지 모른다면 다니고 싶지 않을 것 같거든요.
산드라: 안정된 직장이라면 은행이라든지 학교 같은 곳 말이에요?
미 키: 그렇죠. 그런 곳은 보수도 괜찮고 안정된 직장이라고 하잖아요.
산드라: 사실 저도 그런 직장에서 일하고 싶기는 한데 제 적성에는 안 맞을 것 같아요.
미 키: 그럼 산드라 씨는 어떤 일을 하고 싶은데요?
산드라: 글쎄요. 제가 좀 활동적인 사람이다 보니 사무실에 가만히 앉아서 하는 일은 오래 못 할 것 같아요. 그보다는 좀 더 활동적인 일을 하고 싶어요.

New Vocabulary

안정되다 to be stable
보수 pay
적성 aptitude
맞다 to be suitable
활동적이다 to be active

2

영진: 수미야, 너 지난주에 면접 본 거 어떻게 됐어?
수미: 그렇지 않아도 말씀 드리려고 했어요. 사실 얼마 전에 면접 본 회사 두 군데서 합격이라는 연락을 받았는데 그게 좀 고민이에요.
영진: 두 군데 모두 합격했는데 뭐가 문제야?
수미: 한 회사는 하고 싶던 일이기는 한데 보수가 좀 적은 것 같고, 한 회사는 보수는 많은데 일이 별로 마음에 안 들어서요.
영진: 너는 어느 쪽이 더 중요하다고 생각하는데?
수미: 사실 저는 보수가 적어도 하고 싶은 일을 할 수 있는 회사에 가는 게 어떨까 생각하고 있어요.
영진: 글쎄, 적성도 중요하지만 보수가 어느 정도인지 꼭 확인해 보고 결정해라. 사실 보수가 적으면 성취감도 적을 수 있잖아.
수미: 그렇죠. 요즘 경제 상황이 안 좋다 보니 그 정도로 보수가 많은 회사를 찾는 것이 쉽지 않은 것 같아요.

New Vocabulary

군데 place
고민 worry
확인해 보다 to confirm
성취감 sense of achievement
경제 상황 economic situation

3

사람들은 직장을 선택할 때 여러 가지 조건에 대해 생각한다. 안정성을 가장 중요한 조건으로 생각한다면 안정된 직장을 선택할 것이고 보수가 중요하다고 생각하는 사람이라면 월급이나 보너스가 많은 회사를 선택할 것이다. 그렇지만 나는 현재보다는 앞으로 발전 가능성이 있는 곳인지가 가장 중요하다고 생각한다.

우리 아버지께서는 30년 동안 한 회사에서 일을 하시다가 얼마 전에 정년퇴직을 하셨다. 아버지께서 처음 회사에 입사하셨을 때는 별로 크지도 않고 이름도 알려지지 않은 회사에서 일을 해야 하는 것이 조금 불안하셨다고 한다. 그렇지만 지금 그 회사는 누구나 알아주는 큰 회사가 되었고 나도 아버지께서 그 회사에서 일하시는 것이 자랑스러웠다.

나도 곧 직장에 다녀야 하기 때문에 나에게 정말 좋은 직장이 어떤 곳일지에 대해 생각하고 있다. 아버지의 모습을 옆에서 지켜보다 보니 현재보다는 앞으로 나를 발전시킬 수 있고 미래가 밝은 직장을 찾아야겠다는 생각이 든다. 이런 직장을 찾는다면 나도 우리 아버지처럼 열심히 일하면서 나의 일에서 보람을 느낄 수 있을 것이다.

> **New Vocabulary**
>
> 월급 monthly salary
> 보너스 bonus
> 발전 가능성 potential
> 정년퇴직 retirement
> 입사하다 to join a company
> 불안하다 to feel insecure
> 자랑스럽다 to be proud of
> 보람을 느끼다 to find something worth doing

한국 대학생들의 달라진 직장 선택의 기준
Recent job hunting standards of Korean college students

- 여러분은 직장을 선택할 때 가장 중요한 기준이 무엇이라고 생각해요?
  What is your main priority when selecting a workplace?

- 다음은 최근 달라진 직장 선택의 기준에 관련된 글입니다. 다음 글을 읽고 한국 대학생들의 직장 선택에 대해 생각해 보세요.
  The following passage talks about the recent changes in job hunting trends of young Koreans. Read the following to learn about their standpoints.

The job hunting trend has shifted due to the changes in Korea's social and economic circumstances. While the prior generation ranks stability as number one on their list, the younger generation looks at the annual salary as the major factor in determiming a job.
According to the survey on 'Your first priority when selecting a workplace', 36% of college students answered 'above average salary'. 24.3% put their first priority as 'welfare' which indicates that the young generation is also concerned about pursuing a life of leisure and self-development. This survey shows that many college students are now attaching much more importance to their individual lives than staying consistently at one workplace.

- 여러분 나라에서 사람들은 직장을 선택할 때 무엇을 가장 중요한 기준이라고 생각해요?
  What is the highest priority when selecting a workplace in your country?

말하기 연습 Speaking Practice

1 〈보기〉와 같이 이야기해 보세요.

> 보기
> 적성에 맞다
> 가: 어떤 일을 하고 싶어요?
> 나: 적성에 맞는 일을 하고 싶어요.

❶ 전공을 살릴 수 있다　❷ 성격에 맞다
❸ 보수가 좋다　❹ 안정적이다
❺ 발전 가능성이 많다　❻ 창조적이다

2 〈보기〉와 같이 이야기해 보세요.

> 보기
> 적성
> 가: 직장을 선택할 때 무엇이 제일 중요하다고 생각해요?
> 나: 무엇보다도 적성이 제일 중요하다고 생각해요.

❶ 보수　❷ 안정성
❸ 장래성　❹ 회사의 규모
❺ 근무 조건　❻ 회사 분위기

직장 선택의 조건
Priority when selecting a workplace

적성에 맞다 to have an aptitude for
전공을 살리다 to make the use of one's major
성격에 맞다 to suit one's nature
보수가 좋다 to be highly paid
안정적이다 to be stable
발전 가능성이 많다 to be promising
창조적이다 to be creative
장래성이 있다 to have the bright prospects

근무 조건
Working conditions

근무 시간 working hours
승진 promotion
보수 pay
분위기 atmosphere
규모 size
복지 welfare
전망 future prospect

Workplace **219**

3 <보기>와 같이 이야기해 보세요.

보기	
안정성, 언제 그만 둬야 할지 늘 걱정 해야 하다	가: 직장을 선택할 때 뭐가 제일 중요하다고 생각해요? 나: 안정성이 제일 중요하다고 생각해요. 왜냐하면 언제 그만둬야 할지 늘 걱정해야 한다면 일하고 싶지 않을 것 같기 때문이에요.

New Vocabulary
발전하다 to develop
환경 (working) environment

❶ 보수, 돈을 많이 못 받다
❷ 장래성, 발전할 수 없다
❸ 회사 분위기, 즐겁게 일할 수 없다
❹ 근무 조건, 환경이 좋지 않다
❺ 적성, 하고 싶은 일이 아니다
❻ 회사 규모, 회사가 너무 작다

4 <보기>와 같이 이야기해 보세요.

보기	
월급이 많다 < 적성에 맞다	가: 월급이 많은 직장하고 적성에 맞는 직장 중에 어디가 더 좋을까요? 나: 월급보다는 적성이 더 중요한 것 같아요.

❶ 월급이 많다 < 장래성이 있다
❷ 적성에 맞다 > 근무 조건이 좋다
❸ 장래성이 있다 > 안정성이 있다
❹ 근무 조건이 좋다 < 월급이 많다
❺ 회사 분위기가 좋다 < 규모가 크다
❻ 장래성이 있다 > 보수가 좋다

발음 Pronunciation

Intonation in the focus

월급이 중요한 게 아니라 적성이 중요해요.

A focus is usually made in the emphasized part of a sentence. When pronouncing the focus, it is strongly stressed and uttered together with the following words in one single breath.

▶ 연습해 보세요.
(1) 가: 저는 안정성이 중요하다고 생각합니다.
　　나: 안정성보다는 **장래성**이 중요하지요.
(2) 가: 노래를 잘하는 사람인가 봐요.
　　나: 그냥 노래를 **좋아하는** 사람이에요.
(3) 가: 한국어를 잘하나 봐요.
　　나: **시험**은 잘 보는데, 말은 못 해요.

5 〈보기〉와 같이 이야기해 보세요.

> 보기
>
> 보수 / 적성에 맞지 않다
>
> 가: 저는 보수가 제일 중요하다고 생각해요.
> 나: 보수만 생각하고 직장을 고르다 보면 적성에 맞지 않을 수도 있어요.

❶ 안정성 / 발전 가능성이 없다
❷ 장래성 / 보수가 많지 않다
❸ 근무 조건 / 적성에 안 맞다
❹ 적성 / 근무 조건이 좋지 않다
❺ 회사 분위기 / 근무 조건이 나쁘다
❻ 보수 / 발전 가능성이 없다

6 〈보기〉와 같이 이야기해 보세요.

> 보기
>
> 어릴 때부터 자동차에 관심이 많다, 자동차 회사에서 일하게 되다
>
> 가: 그 직장을 선택한 이유가 뭐예요?
> 나: 어릴 때부터 자동차에 관심이 많다 보니 자동차 회사에서 일하게 되었어요.

• New Vocabulary

관심이 생기다
to gain interest (in something)
무용 dance

❶ 컴퓨터 게임을 자주 하다, 이 일을 하게 되다
❷ 한국어를 배우다, 한국어 선생님이 되다
❸ 외국 여행을 좋아해서 여행을 자주 다니다,
   여행사에서 일하게 되다
❹ 영화를 자주 보다,
   영화를 만드는 일에 관심이 생기다
❺ 책을 읽는 것을 좋아하다,
   이런 일에 관심을 갖게 되다
❻ 어릴 때부터 무용을 배우다, 이 일을 하게 되다

7 〈보기〉와 같이 이야기해 보세요.

> 보기
>
> 보수가 적당하다, 알아보다
>
> 가: 직장을 구할 때 꼭 생각해야 할 것에는 뭐가 있을까요?
> 나: 보수가 적당한지 알아보세요.

New Vocabulary

적당하다 to be reasonable

❶ 근무 시간이 적당하다, 알아보다

❷ 교통이 편리하다, 확인해 보다

❸ 분위기가 어떻다, 알아보다

❹ 복지가 잘되어 있다, 물어보다

❺ 구체적으로 어떤 일을 하다, 물어보다

❻ 야근을 많이 하다, 확인해 보다

8 〈보기〉와 같이 이야기해 보세요.

> 보기
>
> 보수가 좋다 / 하고 싶은 일이다
>
> 가: 보수가 좋아서 이 회사로 결정하려고 해요.
> 나: 보수만 보고 결정하지 말고 하고 싶은 일인지 꼭 생각해 보세요.

❶ 보수가 많다 / 안정성이 있다

❷ 안정성이 있다 / 장래성이 있다

❸ 회사 규모가 크다 / 꼭 하고 싶은 일이다

❹ 장래성이 있다 / 적성에 맞다

❺ 근무 조건이 좋다 / 회사 분위기가 나한테 맞다

❻ 회사 분위기가 좋다 / 발전 가능성이 있다

9 직장을 선택할 때 꼭 생각해야 할 것이 무엇입니까? 그 이유는 무엇입니까? 〈보기〉와 같이 친구와 이야기해 보세요.

> 보기
> 가: 영수 씨는 어떤 일을 하고 싶어요?
> 나: 저는 안정적인 일을 하고 싶어요. 미라 씨는 어때요?
> 가: 저는 안정성보다는 장래성이 더 중요한 것 같아요.
> 나: 그렇지만 언제 그만둬야 할지 늘 걱정해야 한다면 일하고 싶지 않을 것 같아요.
> 가: 그렇기는 하지만 발전할 수 없다면 보람을 느끼지 못할 것 같아요.

| 활동 | Activity |

🎧 Listening_듣기

1 다음은 원하는 직장에 대한 생각을 이야기하는 대화입니다. 잘 듣고 질문에 대답하세요.
Listen to the people talk about their ideal workplace. Listen carefully and answer the questions.

1) 남자는 어떤 일을 하고 싶어요?
   ☐ 창조적인 일   ☐ 전공을 살릴 수 있는 일

> **New Vocabulary**
> 광고 advertisement
> 연봉 annual salary

2) 남자는 직장을 구할 때 어떤 점이 가장 중요해요?
   ☐ 연봉   ☐ 적성

2 다음은 구직 게시판에 올라온 동영상의 내용입니다. 잘 듣고 질문에 대답하세요.
Listen to someone advertise him/herself on an Internet board. Listen carefully and answer the questions.

1) 이 사람에게 어울리는 직장은 어디입니까?
   ☐ 광고 회사   ☐ 은행

> **New Vocabulary**
> 앞두다 to be close at hand
> 동영상 video
> 구직 seeking a job
> 반복되다 to be repeated
> 도전하다 to challenge

2) 이 사람이 직장을 선택할 때 중요하다고 생각하는 것은 무엇입니까?
   ☐ 안정성   ☐ 장래성

Speaking_말하기

1 여러분은 어떤 일을 하고 싶어요? 친구들과 직장 선택의 조건을 위한 설문지를 만들어 보세요.
What kind of work do you want to do? Create a survey on the favorable conditions of selecting a workplace.

- 어떤 질문이 필요할지 이야기해 보세요.
  Discuss what kind of questionnairs are required.

- '직장 선택의 조건'에 대한 설문지를 함께 만들어 보세요.
  Make a survey of 'Your priority when selecting a workplace' together.

- 설문지를 가지고 설문 조사를 해 보세요.
  Conduct a survey.

2 여러분의 설문 조사 결과를 친구들 앞에서 발표해 보세요.
Present the result to the class.

- 다른 조의 설문 발표를 들어 보세요.
  Listen to other group's survey results.

- 여러분의 조와 다른 의견이 있다면 이야기해 보세요.
  If there is any different idea, discuss about it.

Reading_읽기

1 다음 신문기사를 잘 읽고 질문에 답하세요.
The following is a newspaper article about selecting one's workplace. Read it carefully and answer the questions.

NEWS

" _____ "

작년 2월 대학을 졸업한 이성민(남, 27)씨는 여러 대기업에 지원을 했지만 모두 낙방을 했다. 눈높이를 낮출 수밖에 없다고 생각한 그는 올해 1월 중소기업에 지원해 입사에 성공했다. 그는 "대기업에 취직하지 못한 것이 조금 아쉬웠지만 막상 일을 시작해 보니 내가 주도적으로 할 수 있는 업무가 많아 좋다"고 했다. 비슷하게 얼마 전 중소기업에 입사한 한영진(여, 25) 씨도 "가족 같은 분위기에서 업무를 배울 수 있어 큰 도움이 된다"고 말했다.

전문가들은 이미 '평생직장'의 개념이 사라지고 있는 만큼 '평생 직업'을 찾는 게 중요하다고 말한다. 희망하는 직종을 선택했다면, 관련 우량 중소기업에 들어가 전문성을 키우는 게 장기적으로 경력을 쌓는 데 도움이 된다는 설명이다. 중소기업은 인원이 적기 때문에 승진도 대기업에 비해 빠르고 자신의 능력을 발휘할 기회도 많다. 대기업은 대리급으로 승진하는 데 4~6년이 걸리지만 중소기업은 그 절반인 2~3년이면 가능하다.

1) 중소기업의 장점이 무엇입니까?
What are the advantages of working in small/medium-sized businesses?

2) 이 기사의 제목은 무엇일까요?
What is the title of this article?

❶ 대기업의 안정성
❷ 평생직장의 필요성
❸ 중소기업의 선호 이유

3) '평생직장'과 '평생 직업'의 차이점에 대해 이야기해 보세요.
Discuss the difference between '평생직장' and '평생 직업'.

New Vocabulary

낙방을 하다 to fail
눈높이 one's standard
중소기업 small and medium-sized businesses
지원하다 to apply
주도적 leading
직종 occupational category
우량 to be superior
경력을 쌓다 to build one's career
능력을 발휘하다 to show one's ability

Writing_쓰기

1 여러분의 직장 선택의 기준에 대해 써 보세요.
Write a composition about your priority when selecting a workplace.

- 여러분이 직장을 선택할 때 가장 중요하다고 생각하는 것을 메모해 보세요.
  Take notes on your top priority when selecting a workplace.

- 그 직장과 일을 선택한 이유를 메모해 보세요.
  Take notes on your reason for making such decisions.

- 메모한 내용을 바탕으로 여러분이 찾는 직장에 대해 써 보세요.
  Based on your notes, write about the workplace that you desire.

자기 평가 — Self-Check

- 자신이 원하는 직장에 대해 이야기할 수 있어요? Excellent ●—●—●—● Poor
  Are you able to talk about your desired workplace?

- 직장 선택에 대해 충고하는 이야기를 할 수 있어요? Excellent ●—●—●—● Poor
  Are you able to advise someone on the choice of a workplace?

- 직장 선택과 관련된 글을 읽고 쓸 수 있어요? Excellent ●—●—●—● Poor
  Are you able to read and write about selecting a workplace?

문법 Grammar

1 -다면

- -다면 is attached to a verb, an adjective or 'noun+이다', indicating that the preceding hypothesis may possibly lead the following result. It implies a larger hypothetic meaning than -(으)면, therefore in case of an impossible situation it is -다면 that has to be used.

- -다면 is formed by -면 being attached to -다 style and in the case of noun, -(이)라면 is used.

(1) 가: 직장을 선택할 때 뭐가 제일 중요하다고 생각해요?
　　나: 적성이요. 적성에 안 맞는다면 오래 일을 할 수 없을 것 같거든요.
(2) 가: 우리 5시쯤 만나는 게 어때?
　　나: 너만 좋다면 나는 상관없어.
(3) 가: 앞으로 뭘 해야 할지 모르겠어요.
　　나: 내가 너라면 그렇게 걱정하지 않을 거야.
(4) 가: 내일 비가 많이 오면 어떻게 하지요?
　　나: _____.

2 -다 보니

- -다 보니 is attached to a verb, an adjective or 'noun+이다', indicating unplanned and unexpected outcome which was led by the continuity of the action or situation.

(1) 가: 소라 씨는 원래부터 광고 회사에 다니고 싶었어요?
　　나: 아니요. 광고 동아리 활동을 하다 보니 자연스럽게 관심을 갖게 되었어요.
(2) 가: 지윤 씨가 오늘 저녁에 맛있는 거 사 준다고 했어요.
　　나: 살다 보니 별일이 다 있네요.
(3) 가: 내일이 어머니 생신인 거 알고 있지요?
　　나: 요즘 좀 바쁘다 보니 어머니 생일도 깜박했네요.
(4) 가: 양복을 입으면 불편하지 않아요?
　　나: _____.

3 -지

- -지 is attached to a verb, an adjective or 'noun + 이다', being used in the case of an interrogative sentence, which serves as the object of the following verbs such as 알아보다, 확인하다, 생각하다, 물어보다.

- This takes various forms as shown below.

	present	past	future/conjecture
verb & 있다/없다	-는지	-았/었/였는지	-(으)ㄹ지
adjective & noun+이다	-(으)ㄴ지		

(1) 가 : 회사를 선택할 때 무엇을 알아봐야 할까요?
    나 : 우선 네가 어떤 일을 하고 싶은지 잘 생각해 봐.

(2) 가 : 내일 산에 가려고 해요.
    나 : 내일 비가 오는지 확인해 보세요.

(3) 가 : 지난주에 어머니한테 보낸 소포가 아직 도착하지 않았다고 해요.
    나 : 우체국에 전화해서 무슨 문제인지 알아보는 게 좋겠어요.

(4) 가 : 영희가 아까부터 기분이 안 좋은 것 같아요.
    나 : 학교에서 무슨 일이 있었는지 물어봐야겠어요.

(5) 가 : 언제 사무실에 가야 되는지 알아요?
    나 : _____.

(6) 가 : 어머니한테 드릴 선물을 사려고 하는데 뭘 사면 좋을까요?
    나 : _____.

제14과 여행 계획
Travel Planning

Goals
You will be able to exchange travel information and make travel plans.

Topic	Travel planning
Function	Making travel plans, Recommending where to travel
Activity	Listening : Listen to a conversation about travel planning, Listen to a phone call to a travel agency about making a reservation
	Speaking : Make travel plans, Recommend where to travel
	Reading : Read a travel advertisement
	Writing : Write a passage recommending where to travel
Vocabulary	Types of travel, Features of travel package, Travel expenses, Accomodations
Grammar	-(으)ㄹ 만하다, -대요, -내요, -재요, -(으)래요, -는 대로
Pronunciation	ㄴ-ㄹ
Culture	Regional features of Korea

제14과 여행 계획 Travel Planning

| 도입 | Introduction |

1. 이 사람들은 지금 무엇에 대해 이야기하고 있을까요?

2. 여러분은 여행 계획을 세울 때 어떤 이야기를 해요? 그리고 어디에서 여행 정보를 얻어요?

대화 & 이야기 — Dialogue & Story

1

다카코: 투이, 지난번에 경주에 같이 여행 가자고 했잖아. 그거 빨리 가는 게 좋을 것 같아.

투 이: 왜? 방학 때 가기로 했잖아.

다카코: 오늘 친구한테 들었는데 경주는 이맘때 가는 게 가장 좋대. 벚꽃도 피고, 날씨도 좋아서.

투 이: 나도 경주의 벚꽃이 볼 만하다고 들은 적이 있어. 그럼 이번 주 금요일에 출발하는 건 어때? 이왕 갈 거면 예쁠 때 가는 게 좋잖아.

다카코: 그럴까? 그런데 성수기라 숙소랑 기차편이 있을지 모르겠다. 수업이 끝나는 대로 인터넷으로 좀 알아봐야겠어.

투 이: 나랑 같이 알아보자. 그리고 정 안 되면 찜질방에서라도 자면 되잖아.

New Vocabulary

이맘때 around this time
이왕 since
성수기 high-demand season
정 indeed
찜질방 Korean public sauna

2

직원: 안녕하세요. 뭘 도와 드릴까요?

위엔: 다음 주말에 제주도 여행을 가려고 하는데요.

직원: 네. 여기 보시면 금요일 오전에 출발해서 일요일에 돌아오는 2박 3일 상품이 있는데, 어떠세요?

위엔: 음, 생각보다 비싸지 않네요. 이 비용에 숙박비도 포함되어 있는 거지요?

직원: 네, 항공료, 숙박비가 포함된 가격입니다. 요즘이 비수기라서 평소보다 좀 저렴하게 나왔어요.

위엔: 숙소는 어디예요?

직원: 공항 근처에 있는 코리아 호텔인데 이 가격에 이만큼 편안한 곳은 없을 거예요. 게다가 최근에 보수를 해서 깨끗하고 직원들도 친절해요.

위엔: 네. 그럼 이것으로 예약해 주세요.

New Vocabulary

여행 상품 travel package
포함되다 to be included
비수기 low-demand season
저렴하다 to be inexpensive
보수 renovation

3

　전주에 가면 맛과 멋을 모두 즐길 수 있다. 전주 시내 중심에 위치한 한옥마을은 고풍스러운 풍경, 푸짐한 음식, 다양한 볼거리를 모두 갖춘 곳으로 유명하다. 마을 입구의 안내소를 찾으면 하루 세 차례씩 해설을 들으며 곳곳을 돌아볼 수 있다.

　숙소는 한옥마을 근처에 호텔이나 여관도 많이 있지만 전통 한옥에서 하룻밤도 경험해 볼 만하다. 겉모습은 전통식이지만 내부에는 현대식 시설도 잘 구비되어 있다. 그러나 휴가철은 방 잡기가 쉽지 않으니 계획을 세우는 대로 숙소 예약을 하는 게 좋다.

　그리고 가장 중요한 맛집! 전주에서는 대부분 식당의 음식이 맛있고 값도 싼 것으로 유명한데, 이름 난 비빔밥 집들도 대부분 한옥마을 근처에 자리 잡고 있다.

New Vocabulary

한옥마을 Korean style house village
고풍스럽다 to be old-fashioned
푸짐하다 to be abundant
볼거리 places/things to look around
갖추다 to be equipped with
입구 entrance
해설 commentary
여관 inn
하룻밤 one night
시설 facility
구비되다 to be possessed
휴가철 holiday season

한국 지방의 특징 Regional features of Korea

- 여러분은 한국의 어디 어디를 가 봤습니까? 지역마다 다른 특징을 알고 있습니까?
  What parts of Korea were you able to visit so far? Do you know the regional differences?

- 한국은 크게 경기도, 강원도, 충청도, 경상도, 전라도, 제주도로 나뉩니다. 다음을 읽으면서 한국 6도의 특징을 알아보세요.
  Korea is largely divided into 6 provinces; Gyeonggi-do (경기도), Ganwon-do (강원도), Jeolla-do (전라도), Chungcheong-do (충청도), Gyeongsang-do (경상도) and Jeju Island (제주도). Read the following to learn the features of each province.

경기도:
Surrounding Seoul City. Many rivers and fertile land make plentiful grains. Famous for rice and the china.

충청도:
Inland region of Korea. The home of the old decent noblemen, the plains and the clear lake.

전라도:
A place of wide field and the generosity. All the delicious Korean food can be found here.

강원도:
The tourist attraction all year around with mountain peak and the long seacoast. The right place to see the sunrise.

경상도:
A place of beautiful mountain and ocean. Our traditional culture is treasured here including Gyeongju, an old capital city of Silla Dynasty.

제주도:
An island formed by a volcano eruption. An international tourist attraction with a celestial scenery.

- 여러분은 이 중에서 어디에 가 봤어요? 어디를 가 보고 싶어요? 이 외에도 여러분이 알고 있는 한국의 지역적 특징에 대해 이야기해 보세요.
  Have you been to any of these places? Where do you want to visit? Discuss other regional features of Korea that you know of with the class.

말하기 연습 — Speaking Practice

1 〈보기〉와 같이 이야기해 보세요.

> **보기**
> 신혼여행 / 제주도
>
> 가: 신혼여행을 가려고 하는데 어디가 좋을까요?
> 나: 제주도는 어때요? 요즘 그쪽으로 많이 가던데요.

❶ 수학여행 / 경주
❷ 배낭여행 / 동남아 일주
❸ 엠티 / 지리산
❹ 피서 / 강원도
❺ 가족 여행 / 일본
❻ 야유회 / 남이섬

● 여행의 종류 Types of travel

배낭여행 backpacking trip
패키지여행 packaged travel
자유 여행 independent travel
신혼여행 honeymoon
수학여행 school trip
가족 여행 family trip
엠티(MT) Membership Training
야유회 picnic
국내 여행 domestic tour
해외여행 overseas travel

2 〈보기〉와 같이 이야기해 보세요.

> **보기**
> 저렴하다
>
> 가: 중국 여행을 가려고 하는데요. 좋은 상품이 있어요?
> 나: 이번에 저렴한 상품이 나왔어요.

❶ 알뜰하다
❷ 알차다
❸ 실속이 있다
❹ 고급스럽다
❺ 환상적이다
❻ 일정이 여유롭다

● New Vocabulary

동남아 Southeast Asia
일주 one round
피서를 가다 to go away for the summer

● 여행 상품의 특징 Features of travel package

실속이 있다 to be worth the money paid
저렴하다 to be inexpensive
알뜰하다 to be saving
고급스럽다 to be luxurious
환상적이다 to be fantastic
화려하다 to be splendid
(일정이) 여유롭다 to be flexible
알차다 to be rich in contents

3 〈보기〉와 같이 이야기해 보세요.

보기 1	
여행비 ⊃ 렌터카 비용	가: 여행비에 렌터카 비용도 포함되어 있는 거지요? 나: 네, 여행비에 포함되어 있습니다.

보기 2	
여행비 / 렌터카 비용	가: 여행비에 렌터카 비용도 포함되어 있는 거지요? 나: 아니요. 그건 별도입니다.

- 여행 경비 Travel expenses
  - 식비 food expenses
  - 조식 breakfast
  - 중식 lunch
  - 석식 dinner
  - 항공료 air fare
  - 숙박비 lodging expenses
  - 보험료 insurance fee
  - 대여료 rental fee
  - 팁 tip
  - 렌터카 비용 rental car fare

- New Vocabulary
  - 별도 extras
  - 세금 tax

❶ 여행 상품 / 식비
❷ 여행 상품 ⊃ 여행자 보험
❸ 숙박비 ⊃ 조식
❹ 여행비 / 가이드 팁
❺ 여행비 ⊃ 여행자 보험
❻ 항공료 ⊃ 세금

4 〈보기〉와 같이 이야기해 보세요.

보기	
강원도 / 가 보다, 경치가 정말 좋다	가: 강원도는 어때요? 나: 가 볼 만해요. 경치가 정말 좋아요.

- New Vocabulary
  - 독특하다 to be unique
  - 식물원 botanical garden
  - 시간을 때우다 to kill time
  - 와인 공장 winery
  - 체험하다 to experience

❶ 그 나라 음식 / 먹다, 맛과 냄새가 독특하다
❷ 그 호텔 / 묵다, 생각보다 깨끗하다
❸ 그곳 / 가다, 생각보다 멀지 않다
❹ 식물원 / 가 보다, 시간 때우기에도 좋다
❺ 와인 공장 / 체험해 보다, 신기하고 값도 비싸지 않다
❻ 배낭여행 / 해 보다, 재미있고 생각보다 힘들지 않다

5 〈보기〉와 같이 이야기해 보세요.

> **보기**
> 다른 곳에서는 볼 수 없는 신기한 풍경이 많다
>
> 가: 왜 그곳으로 가요?
> 나: 친구가 그러는데 다른 곳에서는 볼 수 없는 신기한 풍경이 많대요.

① 편안하게 쉬기에 좋다
② 영화 촬영지로 유명하다
③ 옛 모습이 많이 남아 있다
④ 시설이 잘되어 있다
⑤ 유명한 박물관과 볼거리가 많다
⑥ 지금이 가장 아름다울 때이다

6 〈보기〉와 같이 이야기해 보세요.

> **보기**
> 호텔, 깨끗하다
>
> 가: 숙소는 어디예요?
> 나: 호텔인데 이만큼 깨끗한 곳은 없을 거예요.

① 여관, 저렴하다
② 펜션, 아름답다
③ 콘도, 편리하다
④ 호텔, 경치가 좋다
⑤ 여관, 쾌적하다
⑥ 펜션, 교통이 편하다

숙소 Accomodations
여관 inn
호텔 hotel
콘도 condominium
민박 home-stay house
펜션 lodge
모텔 motel

New Vocabulary
쾌적하다 to be pleasant

7 〈보기〉와 같이 이야기해 보세요.

> **보기**
> 성수기, 숙소 /
> 찜질방에서라도
> 자다
>
> 가: 성수기라서 숙소가 있을지 모르겠다.
> 나: 정 안 되면 찜질방에서라도 자면 되잖아.

New Vocabulary

히치하이크 hitchhike
연말연시 year-end holiday

❶ 비수기, 여행 상품 / 자유 여행이라도 하다
❷ 주말, 교통편 / 히치하이크라도 하다
❸ 연휴, 기차편 / 차를 갖고 가다
❹ 성수기, 비행기 좌석 / 밤늦게 출발하다
❺ 휴가철, 숙소 / 민박이라도 구하다
❻ 연말연시, 문을 연 식당 / 직접 해서라도 먹다

8 〈보기〉와 같이 이야기해 보세요.

> **보기**
> 일이 끝나다,
> 여행을 떠나다
>
> 가: 어떻게 할 거예요?
> 나: 일이 끝나는 대로 여행을 떠나려고요.

New Vocabulary

짐을 싸다 to pack
날씨가 풀리다
(weather) to get warm
짐을 풀다 to unpack
일정이 잡히다
to make an itinerary

❶ 비행기 표를 사다, 짐을 싸다
❷ 날씨가 풀리다, 떠나다
❸ 친구와 연락이 되다, 출발하다
❹ 짐을 풀다, 구경을 시작하다
❺ 휴가 일정이 잡히다, 비행기 표를 예약하다
❻ 비행기 표를 구하다, 떠나다

발음 Pronunciation

ㄴ-ㄹ

연락   신라
[열락] [실라]

When the preceding syllable-final consonant is ㄴ and the following syllable-initial consonant is ㄹ, ㄴㄹ is pronounced [ㄹㄹ].

▶ 연습해 보세요.
(1) 신라호텔에서 연락이 왔어요.
(2) 신랑이 전라도 사람이에요.
(3) 온라인으로 볼 수 있어서 편리해요.

9 다음 여행지로 좋은 장소를 〈보기〉와 같이 추천해 주세요.

> **보기**
> 가: 신혼여행을 가려고 하는데 어디가 좋을까요?
> 나: 제주도는 어때요? 한국 사람들에게 인기 있는 장소인데요.
> 가: 제주도는 뭐가 유명한데요?
> 나: 경치도 좋고 맛있는 음식도 많이 있어서 한번 가 볼 만해요. 그리고 최근에는 걸어 다니기 좋은 길도 생겼대요.
> 가: 숙소는 어디가 좋을까요?
> 나: 호텔이랑 여관도 많은데 제주도는 특히 아름답고 고급스러운 펜션도 많아요.

❶ 졸업 여행

❷ 값싼 배낭여행

❸ 가족 여행

| 활동 | Activity |

1 다음은 여행 계획에 대한 대화입니다. 잘 듣고 아래의 내용이 맞으면 ○, 틀리면 ✕ 에 표시하세요.
Listen to the people talk about a travel plan. Listen carefully and mark the following statements as either O or X.

1) 두 사람은 외국인들 대상의 축제 계획을 짜고 있다. ○ ✕
2) 부산은 문화를 체험할 장소가 많아 학생들이 좋아한다. ○ ✕
3) 여행 장소는 정했지만 무엇을 할지는 아직 정하지 못했다. ○ ✕

New Vocabulary
대상 target
계획을 짜다 to make plans

2 다음은 여행 상품을 예약하는 대화입니다. 잘 듣고 아래의 내용이 맞으면 ○, 틀리면 ✕ 에 표시하세요.
Listen to the peolpe making a travel package reservation. Listen carefully and mark the following statements as either O or X.

1) 남자는 기차 여행을 예약하려고 전화했다. ○ ✕
2) 남자는 아침에 해 뜨는 것을 볼 예정이다. ○ ✕
3) 남자가 예약한 상품에는 교통비와 입장료가 포함되어 있다. ○ ✕

New Vocabulary
눈꽃 snow flower
무박 day (trip)
동해 the East Sea
일출 sunrise
당일 the day of
왕복 round trip
트레킹 trekking
조각 공원 sculpture park

240 제14과 여행 계획

Speaking_말하기

1 다음 주에 3일 정도 여유가 생겨 친구와 여행을 가려고 해요. 갈 만한 여행 장소와 일정을 정해 보세요.
You are going on a trip for 3 days with a friend. Create an itinerary.

- 갈 수 있는 시간은 금, 토, 일, 3일이고 비용도 넉넉하지 않아요. 상황에 맞춰 아래 항목에 대해 생각해 보세요.
  You are leaving on Friday and coming back on Sunday. You do not have much money. Plan the schedule accordingly.

  1) 여행지는?
  2) 숙소는?
  3) 그곳에서 할 수 있는 활동은?
  4) 여행 경비를 줄일 수 있는 방법은?

- 위의 내용을 바탕으로 친구와 여행 계획을 세워 보세요.
  Based on your notes, creat an itinerary with a friend.

2 여러분 나라의 추천할 만한 여행 장소에 대해 이야기해 보세요.
Recommend a famous travel site in your country and discuss about it.

- 먼저 아래 항목에 대해 메모해 보세요.
  Take notes on the followings.

  1) 장소
  2) 여행 기간
  3) 숙소
  4) 유명 관광지
  5) 음식
  6) 꼭 해 볼 만한 체험
  7) 기타

- 다른 나라 친구에게 여러분 나라의 여행지를 소개해 주세요.
  Introduce the tourist attractions in your country to your friends from other countries.

- 친구의 발표를 듣고 어느 곳에 가고 싶다는 생각을 했는지 이야기해 보세요.
  Listen to your classmate's presentation and talk about where you would like to visit.

Travel Planning

Reading_읽기

1 다음은 여행 광고입니다. 잘 읽고 질문에 대답하세요.
The following is a travel advertisement. Read it carefully and answer the questions.

- 여행을 가려고 할 때 어디에서 정보를 얻어요? 인터넷에서 여행 광고를 찾아본 적이 있어요?
  When you are making travel plans, where do you collect the information? Have you searched on the Internet for advertisement?

- 여행 광고에 주로 나오는 표현으로 무엇이 있을까요? 다음의 광고를 보고 확인해 보세요.
  What are the common expressions in travel advertisements? Read the following.

- 다음의 경우라면 어떤 여행 상품을 선택하는 게 좋을까요? 골라 보세요.
  Which travel package best suits the following situations? Choose one.

  1) 하루 만에 여행을 다녀오고 싶어요. 기차도 타면 더 좋겠어요.
  2) 봄을 느낄 수 있는 곳에 가고 싶어요. 자고 와도 돼요.
  3) 등산도 하고 농촌 생활도 경험해 보고 싶어요.

- 각각 고른 상품이 같은지 친구와 이야기해 보세요.
  각각의 여행 상품의 장단점에 대해 이야기해 보세요.
  Discuss the chosen travel package with a friend. What are the strengths and weaknesses?

New Vocabulary

체험 activity
대관령 Daegwallyeong(ridge)
들판 field
양떼 a flock of sheep
목장 farm
허브 herb
전라남도 Jeollanam-do(province)
임실 Imsil(city)
산머루 wild grape
남이섬 Namiseom(island)
통영 Tongyeong(city)
외도 Oedo(island)
유람선 cruise ship
대둔산 Daedunsan(mountain)
케이블카 cable car
농촌 farm village

✏️ Writing_쓰기

1 여러분의 나라를 친구가 여행을 가려고 해요. 좋은 여행 장소를 추천하는 글을 써 보세요.
Your friend is planning to travel your country. Write a composition recommending a famous travel site.

- 어떤 장소에서 어떤 일정으로 보내면 좋을지 생각해 보세요.
  Think about where and how you will spend the days.

- 관련된 자료와 정보를 미리 조사해 오세요.
  Collect information and data on the tour site in advance.

- 친구에게 이메일로 여행 정보를 보내 주세요.
  Send an e-mail to your friend about the tour information.

자기 평가 — Self-Check

- 여행 계획을 세울 수 있어요?
  Are you able to make the travel plans?
  Excellent ●─●─●─●─● Poor

- 여행 광고를 읽고 이해할 수 있어요?
  Are you able to read and understand the travel advertisement?
  Excellent ●─●─●─●─● Poor

- 여행 장소를 추천하는 글을 쓸 수 있어요?
  Are you able to write a composition recommending a tour site?
  Excellent ●─●─●─●─● Poor

문법 Grammar

1 -(으)ㄹ 만하다

- -(으)ㄹ 만하다 is attached to a verb stem, indicating the worth of doing something.
- This takes two forms.
    a. If the stem ends in a vowel or ㄹ, -ㄹ 만하다 is used.
    b. If the stem ends in a consonant (except for ㄹ), -을 만하다 is used.

(1) 가 : 제주도는 어때요?
　　나 : 경치도 좋고 음식도 맛있고 가 볼 만한 곳이에요.
(2) 가 : 이거 먹어 보고 싶은데 너무 맵지 않을까요?
　　나 : 한번 드셔 보세요. 맵지만 먹을 만해요.
(3) 가 : 이 책이 요즘 인기가 있어서 샀는데 좀 어렵지요?
　　나 : 이 정도면 저도 읽을 만한데요.
(4) 가 : 여름휴가로 가 볼 만한 곳 좀 추천해 주세요.
　　나 : _____.

2 -대요, -내요, -재요, -(으)래요

- -대요, -내요, -재요, -(으)래요 are the contracted forms of -다고 해요, -냐고 해요, -자고 해요, -(으)라고 해요 and used when delivering other people's words in informal setting.

(1) 가 : 그곳에 볼 만한 게 있어요?
　　나 : 그렇대요. 공기도 정말 맑고 경치가 아주 끝내준대요.
(2) 가 : 부산에 가면 이 식당에 꼭 가 보자.
　　나 : 왜? 그렇게 유명해?
　　가 : 응. 값도 싸고 음식도 진짜 맛있대.
(3) 가 : 내일 스케줄이 어떻게 되내요.
　　나 : 7시에 아침 식사하고, 먹자마자 바로 출발할 거래요.
(4) 가 : 가고 싶은 장소 정했어요?
　　나 : 친구들이 이번에는 강원도 쪽으로 가재요.
(5) 가 : 비행기 표를 안 샀으면 빨리 사래요. 다음 주부터 항공료가 오른대요.
　　나 : 그래요? 빨리 알아봐야겠네요.

(6) 가 : 영진 씨 시험 결과가 어떻게 됐대요?
　　나 : 저도 궁금해서 물어봤는데 안 가르쳐 주던데요.
(7) 가 : 그곳은 뭐가 유명해요?
　　나 : 저도 잘은 모르는데 _____.
(8) 가 : 영진 씨가 뭐래요?
　　나 : _____.

3 -는 대로

- -는 대로 is attached to a verb stem, indicating 'without a delay' as soon as the preceding situation is completed.

(1) 가 : 혼자서 여행을 간다고 하니 엄마는 너무 걱정된다.
　　나 : 도착하는 대로 전화드릴게요. 걱정하지 마세요.
(2) 가 : 숙소는 언제쯤 예약하면 될까요?
　　나 : 예약이 빨리 끝나니까 일정이 잡히는 대로 바로 예약하세요.
(3) 가 : 이 일이 마무리되는 대로 여기를 떠날 거예요.
　　나 : 이제 좀 친해졌는데, 아쉽네요.
(4) 가 : 결혼은 언제쯤 하실 거예요?
　　나 : _____.

제15과 명절
Holidays

Goals
You will be able to talk about what you did on holidays and traditional holiday customs.

Topic	Holidays
Function	Greetings on holidays, Explaining about holiday traditions
Activity	Listening : Listen to a conversation about what was done on holiday break, Listen to a presentation about holiday traditions
	Speaking : Introduce your own country's holidays
	Reading : Read a passage about 단오
	Writing : Write a passage introducing your own country's holiday
Vocabulary	Holidays, Traditions
Grammar	-더라, -까지, -는/(으)ㄴ데도, -(이)나
Pronunciation	ㄹ-ㄴ
Culture	Holiday food in Korea

제15과 명절 Holidays

도입 Introduction

1. 사람들이 무엇을 하고 있어요? 무슨 날일까요?

2. 한국에서는 설날에 사람들이 무엇을 하는지 알고 있어요? 여러분 나라에서는 설날에 무엇을 해요?

대화 & 이야기 — Dialogue & Story

1

영진: 린다 누나, 새해 복 많이 받으세요.
린다: 고마워. 영진이 너도. 너는 설날에 고향에 갔다 왔지?
영진: 네. 고향에 가서 가족들도 만나고 성묘도 갔다 왔어요.
린다: 성묘가 뭐야?
영진: 성묘는 조상들 산소에 가서 인사를 드리는 거예요. 린다 누나는 설 연휴 동안 뭐 했어요?
린다: 나는 은지 집에 초대 받아서 갔었어. 그런데 은지가 한복을 입으니까 딴 사람 같더라.
영진: 그래요? 저도 한번 보고 싶네요. 은지 집에 가서 뭐 했어요?
린다: 떡국도 먹고 세배도 하고 은지네 가족들하고 윷놀이도 했어.
영진: 세뱃돈은 받았어요?
린다: 응, 부모님께서 세뱃돈까지 주셨어.

New Vocabulary

새해 복 많이 받으세요. Happy New Year
설날 Lunar New Year's Day
성묘 visiting one's ancestor's grave
조상 ancestor
산소 grave
인사를 드리다 to pay a visit of courtesy
설 연휴 New Year's break
초대를 받다 to receive an invitation
세배 the New Year's greeting
윷놀이 a traditional game played with 4 sticks
세뱃돈 New Year's gift of money given to one's juniors

2

사토: 영진 씨, 고향에 언제 내려가요?
영진: 저는 안 내려가요. 큰집이 서울이라서 부모님께서 서울로 올라오세요.
사토: 그래요? 잘됐네요. 명절만 되면 고향에 내려가는 사람들 때문에 고속도로가 정말 많이 막히잖아요.
영진: 맞아요. 그래도 명절에 가족들도 보고 친척들도 만나면 좋잖아요. 그래서 그렇게 길이 막히는데도 사람들이 고향에 내려가는 거겠지요?
사토: 그렇기는 해요.
영진: 그런데 사토 씨는 추석 때 뭐 할 거예요?
사토: 저는 갈 데도 없고 집에서 텔레비전이나 보려고요.
영진: 그러지 말고 경복궁이나 남산 한옥마을 같은 데 가면 외국인들을 위한 문화 행사가 많으니까 한번 가 보세요.

New Vocabulary

큰집 the house of one's eldest brother
고속도로 highway
친척 relative
추석 Korean Harvest Moon Festival
남산 한옥마을 Namsan Mountain Korean style house village
문화 행사 cultural festival

3

한국에서는 설날과 추석이 가장 큰 명절이다. 명절이 되면 조상들께 감사도 드리고 조상들이 후손들을 잘 보살펴 주기를 바라는 마음에서 차례를 지낸다. 옛날 사람들은 조상들이나 여러 신들의 보살핌 덕분에 건강하고 행복하게 살 수 있다고 생각했기 때문에 명절을 조상들께 감사하면서 보냈다.

하지만 요즘의 명절 모습은 과거와 조금은 달라진 것 같다. 최근에는 차례를 지내지 않는 집도 늘었고, 연휴를 이용해 여행을 떠나는 집도 있기 때문이다. 그러나 현재에도 변하지 않는 명절의 모습은 길이 그렇게 막히는데도 모든 사람들이 고향에 내려가 가족이나 친척들을 만나서 서로의 안부를 묻고 덕담을 주고받는다는 것이다. 이런 것을 보면 과거나 현대나 변함없는 명절의 의미는 아마도 가족들이 만나서 서로의 사랑을 확인하는 것이 아닐까 한다.

> **New Vocabulary**
>
> 후손 descendant
> 보살피다 to take care of
> 신 God
> 달라지다 to be changed
> 모습 sight
> 서로 each other
> 덕담 well-meant remarks
> 변함없다 to be everlasting

 **한국의 명절 음식** Holiday food in Korea

● 한국의 명절 음식으로는 어떤 것이 있는지 알아요? 다음 음식은 어떤 명절에 먹는 음식인지 맞혀 보세요.
Do you know of any holiday food in Korea? Match the following pictures with the listed holidays.

설날   정월대보름   추석   동지

● 다음 설명을 읽고 한국의 대표적인 명절 음식에 대해 알아보세요.
Read the following passage and learn about some of the major Korean holiday food.

* 설날: 떡국 (d) - The white 떡국 represents 'pureness'. Koreans eat 떡국 on the New Year's Day morning implying a fresh mind and a fresh start.
* 추석: 송편 (b) - On 추석, Koreans make half-moon shaped rice cake, called 송편, using just harvested rice.
* 정월대보름: 오곡밥과 9가지 나물 (a), 부럼, 귀밝이술
 - Before fresh spring vegetables are produced, Koreans eat 오곡밥 and 나물 using grains and dried vegetables stored over the past winter. On 정월대보름 morning, adults drink a glass of alcohol called 귀밝이술 which is believed to improve a hearing ability. Also, 부럼 are known to be good for skin beauty. If you eat nuts on that day, it is believed to avoid getting a skin rash in springtime.
* 동지: 팥죽 (c) - 동지 is the shortest day of the year. On this day, Koreans consume 팥죽 and sprinkle some of them around the house because the color red is believed to ward off evil spirits.

● 여러분 나라의 대표적인 명절 음식으로는 어떤 것이 있어요? 그 음식을 먹는 이유가 무엇입니까?
What kind of food do you eat on holidays in your country and why?

말하기 연습 Speaking Practice

1 〈보기〉와 같이 이야기해 보세요.

> 보기
> **설날 /**
> **음력 1월 1일**
> 가: 설날이 언제예요?
> 나: 음력 1월 1일이에요.

① 추석 / 음력 8월 15일
② 정월대보름 / 음력 1월 15일
③ 단오 / 음력 5월 5일
④ 동지 / 양력 12월 22일쯤

명절 Holidays

설날 Lunar New Year's Day
추석 Korean Harvest Moon Festival
정월대보름 The full moon day of the first lunar month
단오 the May Festival (the 5th of the 5th month of the year according to the lunar calendar)
동지 the winter solstice

2 〈보기〉와 같이 이야기해 보세요.

> 보기
> **설날 /**
> **부모님께 세배를**
> **하다, 떡국을 먹다**
> 가: 설날에 뭐 했어요?
> 나: 부모님께 세배도 하고 떡국도 먹었어요.

① 추석 / 차례를 지내다, 친척집에 가다
② 설날 / 친척집에 가다, 성묘를 하러 가다
③ 추석 / 송편을 먹다, 윷놀이를 하다
④ 정월대보름 / 오곡밥을 먹다, 나물을 먹다
⑤ 정월대보름 / 오곡밥을 먹다, 부럼을 깨다
⑥ 추석 / 송편을 먹다, 달 보고 소원을 빌다

명절 풍습 Traditions

세배하다 to greet on the New Year's Day
차례를 지내다 to observe a memorial service for family ancestors
성묘하다 to pay a visit to one's ancestor's grave
덕담을 하다 to give a well-meant remarks
친척집에 가다 to visit relative's house
고향에 내려가다 to visit home (where your parents and grandparents reside)
세뱃돈을 받다 to receive a New Year's gift of money
떡국/송편/팥죽/오곡밥/나물을 먹다 to eat rice cake soup/rice cake/red bean porridge/five-grain rice/wild greens
부럼을 깨다 to crack and eat the nuts (to guard oneself against boils for the year)
윷놀이를 하다 to play a traditional game with 4 sticks
소원을 빌다 to make a wish

Holidays 251

3 〈보기〉와 같이 이야기해 보세요.

보기	
성묘 / 설날이나 추석, 성묘를 하러 가다, 조상들 산소에 가는 것	가: 성묘가 뭐예요? 나: 설날이나 추석에 성묘를 하러 가는데, 성묘는 조상들 산소에 가는 거예요.

● New Vocabulary

호두 walnut
땅콩 peanut
제사 memorial service for one's ancestor
곡식 grain

❶ 부럼 / 정월대보름, 부럼을 깨서 먹다, 호두나 땅콩 같은 것

❷ 세배 / 설날 아침, 어른들께 세배를 하다, 설날에 어른들께 하는 인사

❸ 덕담 / 설날 아침, 세배를 하면 어른들이 덕담을 하다, 다른 사람이 잘되기를 바라는 말

❹ 차례 / 명절 아침, 차례를 지내다, 명절에 조상들께 드리는 제사

❺ 세뱃돈 / 설날 아침, 어른들께 세배를 하다, 세배를 받고 어른들이 주시는 돈

❻ 오곡밥 / 정월대보름, 오곡밥을 먹다, 다섯 가지 곡식으로 만든 밥

● 발음 Pronunciation

ㄹ–ㄴ

설날   돌아갈 날
[설랄]   [도라갈 랄]

When the preceding syllable-final consonant is ㄹ and the following syllable-initial consonant is ㄴ, ㄹ-ㄴ is pronounced [ㄹㄹ].

▶ 연습해 보세요.
(1) 가: 설날에 뭐 했어요?
    나: '별난 여자'라는 영화를 봤어요.
(2) 가: 이번 축제 때 부를 노래 제목이 뭐야?
    나: '널 남겨 두고'라는 노래야.
(3) 가: 영진이가 왜 갑자기 널 남처럼 대하니?
    나: 그걸 나도 모르겠어.

4 〈보기〉와 같이 이야기해 보세요.

보기	
윷놀이를 해 보다 / 정말 재미있다	가: 윷놀이를 해 봤어? 나: 응, 해 봤는데 정말 재미있더라.

❶ 팥죽을 먹어 보다 / 참 맛있다

❷ 성묘하러 가다 / 길이 많이 막히다

❸ 송편을 만들어 보다 / 정말 힘들다

❹ 어젯밤에 보름달을 보다 / 참 밝고 크다

❺ 설날에 입을 한복을 사다 / 조금 비싸다

❻ 떡국을 먹다 / 맛이 참 좋다

5 〈보기〉와 같이 이야기해 보세요.

보기	
설날, 차례를 지내다 / 성묘를 하다	가: 설날에 차례를 지냈어요? 나: 네, 차례를 지내고 성묘까지 했어요.

• New Vocabulary
외가 maternal grandparent's house

① 설날, 큰집에 가다 / 외가에 가다
② 추석, 차례를 지내다 / 윷놀이를 하다
③ 정월대보름, 오곡밥을 먹다 / 부럼을 먹다
④ 설날, 세배를 하다 / 세뱃돈을 받다
⑤ 추석, 송편을 사다 / 한복을 사다
⑥ 정월대보름, 오곡밥을 만들다 / 떡을 만들다

6 〈보기〉와 같이 이야기해 보세요.

보기	
설날 / 고향에 갔다 오다 / 친척들도 많이 만나다	가: 설날 연휴에 뭐 했어요? 나: 고향에 갔다 왔어요. 가: 그래요? 그럼 친척들도 많이 만났겠네요.

• New Vocabulary
돌아다니다 to visit around

① 추석 / 시험이 있어서 고향에 못 가다 / 송편도 못 먹다
② 설날 / 친척집을 돌아다니면서 세배하다 / 세뱃돈도 많이 받다
③ 추석 / 가족들하고 윷놀이를 하다 / 재미있다
④ 설날 / 성묘를 갔다 오다 / 고생하다

Holidays

7 〈보기〉와 같이 이야기해 보세요.

> 보기
> 설날이다, 고향에 안 내려가다 / 중요한 시험이 있다
>
> 가: 설날인데도 고향에 안 내려가요?
> 나: 네. 중요한 시험이 있어서요.

New Vocabulary

기차표 train ticket
날이 흐리다 (weather) to be cloudy
부모님 댁 parents' house

① 길이 막히다, 차를 가지고 고향에 가다 / 기차표가 없다
② 설날이다, 떡국을 못 먹었다 / 집에 못 갔다
③ 정월대보름이다, 보름달을 볼 수가 없었다 / 날이 흐렸다
④ 추석이 지났다, 성묘하러 가다 / 추석 때 못 갔다
⑤ 정월대보름이다, 오곡밥을 안 먹다 / 우리 가족이 오곡밥을 안 좋아하다
⑥ 추석이다, 부모님 댁에 안 가다 / 부모님이 우리 집에 오시다

8 〈보기〉와 같이 이야기하고, 명절 계획에 대해 친구와 묻고 대답해 보세요.

> 보기
> 도서관에서 공부를 하다
>
> 가: 명절에 뭐 하면서 보낼 거예요?
> 나: 저는 도서관에서 공부나 하려고요.

New Vocabulary

밀리다 to be piled up

① 서울 구경을 하다
② 친구하고 영화를 보다
③ 집에서 텔레비전을 보다
④ 집에서 책을 읽다
⑤ 집에서 밀린 숙제를 하다
⑥ 가까운 데 여행을 가다

9 여러분 나라에서는 설날과 추석 때 무엇을 하는지 〈보기〉와 같이 친구와 이야기해 보세요.

보기	
한국 설날	가: 한국 사람들은 설날에 보통 뭘 해요? 나: 설날이 되면 한국 사람들은 대부분 고향에 내려가요. 설날 아침에 차례도 지내고 세배도 하고 떡국도 먹어요. 가: 차례가 뭐예요? 나: 차례는 설날이나 추석 때 조상들께 드리는 제사예요.

New Vocabulary

대부분 majority

활동 Activity

Listening_듣기

1 두 사람이 설날 연휴를 어떻게 보냈는지 이야기하고 있습니다. 잘 듣고 아래의 내용이 맞으면 ○, 틀리면 ×에 표시하세요.
Listen to the people talk about how they spent their New Year's holiday. Listen carefully and mark the following statements as either O or X.

1) 두 사람은 설날에 모두 고향에 갔다 왔다. ○ ×
2) 남자는 설날에 불꽃놀이를 했다. ○ ×
3) 여자는 중국에서 불꽃놀이를 본 적이 있다. ○ ×
4) 여자는 설날에 떡국을 먹었다. ○ ×

New Vocabulary
- 불꽃놀이 fireworks
- 폭죽을 터트리다 to set off firecrackers
- 양력 solar calendar

2 외국인 학생이 나라마다 다른 설날의 풍습에 대해 발표하고 있습니다. 잘 듣고 질문에 대답하세요.
Foreign students are presenting on New Year's Day customs of other cultures. Listen carefully and answer the questions.

- 다른 나라에서는 설날에 무엇을 하고 지내는지 알고 있어요? 이 발표에는 어떤 내용이 들어 있을까요?
  Do you know what the people in other countries do on New Year's Day? What kind of information do you think you will hear?

- 다음 발표를 잘 듣고 질문에 대답하세요.
  Listen to the following presentation and answer the questions.

  1) 이 사람의 중심 생각을 고르세요.
     Choose the narrator's main idea.
     ① 명절의 의미는 나라마다 다르다.
     ② 세계의 문화는 차이점보다 공통점이 많다.
     ③ 설날이 가장 중요한 명절이 되는 것은 당연하다.
     ④ 문화는 겉으로 보면 다른 것 같지만 사실은 같은 것이다.

New Vocabulary
- 풍습 custom
- 차이 difference
- 우선 first of all
- 음력 lunar calendar
- 시기 period
- 소나무 pine tree
- 꽂다 to put into
- 공통점 similarities
- 차이점 differences

  2) 이 사람이 이야기하고 있는 나라마다 다른 설날의 날짜와 풍습을 정리해 보세요.
     List the dates and traditions of all the other countries' New Year's Day mentioned in order.

	날짜		풍습
자기 나라		자기 나라	
한국	음력 1월 1일	한국	차례
중국		중국	
태국, 미얀마		일본	

Speaking_말하기

1 여러분 나라의 명절에 대해 이야기해 보세요.
Discuss the holidays in your country.

- 여러분 나라에는 어떤 명절이 있습니까? 사람들은 명절을 어떻게 보내요? 간단히 메모해 보세요.
  What kind of holiday do you have in your country? How do people spend the day? Take notes.

명절	명절 음식	풍습
설날	떡국	가족, 차례, 성묘, 세배, 세뱃돈, 윷놀이

- 메모한 내용을 바탕으로 옆 친구와 어떤 명절이 있는지, 명절에 먹는 음식은 무엇인지, 사람들은 어떻게 명절을 보내는지 묻고 대답해 보세요.
  Based on your notes, discuss with your friend about the type of holiday, the food eaten and the events done on that holiday.

- 여러분 나라의 명절과 친구 나라의 명절은 어떤 차이가 있어요? 발표해 보세요.
  What is the difference between your country and your friend's country's holidays? Make a presentation.

2 여러분 나라의 명절을 슬라이드 자료를 이용해 반 친구들에게 소개해 보세요.
Using visual materials, introduce your country's holiday to the class.

- 여러분 나라의 명절을 다른 나라의 친구들에게 소개하려고 해요. 명절을 소개했을 때 친구들이 잘 이해할 수 없을 것 같은 내용이 있어요? 여러분 나라의 명절을 소개하는 데 필요한 사진 자료를 인터넷에서 찾아보세요.
  You are introducing your country's holiday to the class. Is there any information that might be difficult for others to understand? Find any pictures from the Internet if necessary.

- 발표할 내용을 슬라이드로 만들어 발표해 보세요.
  Organize the contents in slides and make a presentation.

- 발표를 듣고 궁금한 것이 더 있으면 질문해 보세요.
  After hearing the presentation, ask questions on the things you may be curious about.

- 친구들의 발표 중에서 가장 좋은 발표는 무엇이었습니까?
  Which presentation was the most impressive among all?

Reading_읽기

1 다음은 단오에 대해 설명한 글입니다. 잘 읽고 질문에 답하세요.
The following passage is about 단오. Read it carefully and answer the questions.

- 다음 글에는 어떤 내용이 들어 있을까요?
  What might be the following passage about?

- 여러분의 예상이 맞는지 다음 글을 잘 읽고 질문에 답하세요.
  Read it carefully and answer the questions.

단오는 음력 5월 5일로 한국의 4대 명절 중의 하나였다. 그러나 요즘은 단오가 언제인지도 알지 못하는 사람들이 많다.

단오의 '단'은 '처음'이라는 뜻이고, '오'는 '5'를 말한다. 즉 단오는 처음 5일이라는 뜻인데, 음력 5월 5일은 여름에 들어가기 바로 전으로 예전에는 이때 그 해의 농사가 잘되기를 바라는 뜻으로 조상들에게 제사도 지내고 여러 가지 행사를 많이 했다. 단오 때 여자들은 창포물에 머리를 감고 한복을 예쁘게 입고 그네를 뛰고, 남자들은 씨름 대회를 했다. 어른들은 아랫사람들에게 여름을 시원하게 보내라는 의미로 부채를 선물하기도 했다. 이 외에도 여러 가지 단오 음식이 많았는데 요즘은 단오 음식을 먹는 사람들이 거의 없는 것 같다.

New Vocabulary

4대 the top four
창포물 iris water
그네를 뛰다 to rock back and forth on a swing
씨름 Korean wrestling
아랫사람 one's junior
부채 fan

1) 위 글을 읽고 알 수 있는 것은 무엇입니까?
   What can you infer from this passage?

   ❶ 단오의 의미   ❷ 단오가 시작된 해
   ❸ 단오 때 먹는 음식   ❹ 단오를 알지 못하게 된 이유

2) 단오 날의 풍습으로 맞는 것을 모두 고르세요.
   Choose all the events done on the 단오.

ⓐ  ⓑ  ⓒ

ⓓ  ⓔ  ⓕ

✏️ Writing_쓰기

1 여러분 나라의 명절에 대해 소개하는 글을 써 보세요.
Write a composition introducing your country's holiday.

- 명절에 대한 글에는 어떤 내용이 들어갈까요? 그런 내용을 설명하는 데 필요한 구체적인 내용을 메모해 보세요.
  What kind of information should be included in the writing? Take notes of the necessary details in order to explain the contents.

- 다른 나라의 사람들이 여러분 나라의 명절에 대해 어느 정도 알고 있다고 생각해요? 여러분이 메모한 것 중에서 설명이 필요한 것과 그렇지 않은 것을 표시해 보세요.
  Do you think other people from different countries already know about your country's holiday? Check what needs to be explained in detail from your note.

- 여러분 나라의 명절을 소개하는 글을 써 보세요.
  Write a composition introducing the holiday in your country.

자기 평가 ✏️   Self-Check

- 명절에 무엇을 했는지 묻고 대답할 수 있어요?
  Are you able to ask and answer what you did on a holiday?
  Excellent ●—●—●—● Poor

- 여러분 나라의 명절 풍습에 대해 설명할 수 있어요?
  Are you able to explain about the holiday customs in your country?
  Excellent ●—●—●—● Poor

- 명절을 소개하는 글을 읽고 쓸 수 있어요?
  Are you able to read and write a composition introducing a holiday?
  Excellent ●—●—●—● Poor

문법 Grammar

1 **-더라**

- -더라 is attached to a verb, an adjective or 'noun+이다' and is used when the facts that speakers actually experienced in the past come to mind.

- -더라 is attached to a stem when expressing the continuing state/action in the past. -았/었/였더라 is used when expressing the already completed state and -겠더라 is attached when expressing one's conjecture at that moment.

    조금 전에 영진이를 봤는데, 집에 가더라.
    영진이 교실에 갔는데, 영진이는 벌써 집에 갔더라.

- -더라 cannot be used in the first person subject sentence excluding the case when the speaker objectifies him/herself.

    어젯밤에 꿈을 꿨는데, 내가 춤을 되게 잘 추더라.

    New Vocabulary
    되게 extremely

- -더라 is used in an informal speech and cannot be used to elders.

    (1) 가 : 설날에 뭐 했어?
        나 : 친구들하고 윷놀이를 했는데, 참 재미있더라.
    (2) 가 : 영진이가 도서관에서 공부하고 있더라.
        나 : 그래? 추석인데도 시험 때문에 고향에 못 갔나 보네.
    (3) 가 : 사토하고 만났니?
        나 : 사무실에 가 봤는데, 벌써 퇴근했더라.
    (4) 가 : 린다는 내일 시험이 세 과목이래.
        나 : 나도 들었어. 정말 힘들겠더라.
    (5) 가 : 혜원이 못 봤니?
        나 : _____.
    (6) 가 : 부산 여행은 어땠어?
        나 : _____.

2 －까지

- -까지 is attached to a noun, indicating 'this one also' in addition to the things that are already included.

    (1) 가 : 설날에 영진 씨 집에 갔다면서요?
        나 : 네. 같이 세배도 하고 세뱃돈까지 받았어요.
    (2) 가 : 설날에 뭘 했는데 그렇게 피곤해해요?
        나 : 설날에 부모님 집에도 가고 큰집에도 가고 외가까지 갔다 왔거든요.
    (3) 가 : 어제 모임에 사람들이 많이 왔어요?
        나 : 네, 어제는 선생님까지 오셨어요.
    (4) 가 : 오늘 날씨가 어떻대요?
        나 : 비도 오고 _____.

3 －는/(으)ㄴ데도

- -는/(으)ㄴ데도 is attached to a verb, an adjective or 'noun+이다', indicating that something is naturally expected but is not actually happening.

- As for present tense, -는데도 is used in a verb stem or an adjective stem which ends with 있다, 없다 and -(으)ㄴ데도 is used in an adjective stem. -(으)ㄴ데도 takes two forms depending on the final consonant of adjective stem.
    a. If the adjective stem ends in a vowel or ㄹ, -ㄴ데도 is used.
    b. If the adjective stem ends in a consosnat (except for ㄹ), -은데도 is used.

- -는데도 is also followed by -았/었/였- which show the past meaning or by the conjecture marker -겠-.

    (1) 가 : 명절이 되면 고속도로가 막히는데도 사람들이 고향에 많이 내려가요.
        나 : 명절이 아니면 고향에 가기 어려우니까 그럴 거예요.
    (2) 가 : 추석인데도 고향에 안 내려가요?
        나 : 네. 다음 주가 시험이라서요.
    (3) 가 : 영진 씨가 장학금을 받았어요?
        나 : 아니요, 성적이 좋은데도 못 받았어요.
    (4) 가 : 아들이 내려온대요?
        나 : 네. 바쁘면 오지 말라고 했는데도 오겠다고 하네요.
    (5) 가 : 감기 다 나았어요?
        나 : 아니요, _____ 아직 많이 아파요.
    (6) 가 : 동규 씨는 정말 부지런한 것 같아요.
        나 : 맞아요. _____ 항상 일찍 와요.

4 -(이)나

- -(이)나 is attached to a noun, indicating that the noun is not such a big deal or burden.
- This takes two forms depending on the existence of the preceding noun's final consonant.
    a. If the noun ends in a vowel, -나 is used.
    b. If the noun ends in a consonant, -이나 is used.
- It is often used in imperative, suggestive, volitionary sentence and is not recommended to use to the elders.

(1) 가 : 추석 때 뭐 할 거야?
    나 : 그냥 집에서 텔레비전이나 보려고.
(2) 가 : 오늘 뭐 할까?
    나 : 이따가 친척들 오면 윷놀이나 하자.
(3) 가 : 시간 있으면 차나 한잔 할까?
    나 : 그래, 좋아.
(4) 가 : 주말에 뭐 할 거예요?
    나 : _____.

MEMO

Listening Transcript 듣기 대본

제1과 새로운 생활
CD1. track 8~9

1

가: 새 학기가 시작되었네요. 린다 씨는 이번 학기에 특별한 계획이 있어요?
나: 저는 그동안은 한국어 공부만 열심히 했는데, 이번 학기에는 한국에 대해서 좀 더 알고 싶어요.
가: 한국을 더 알기 위해서 무슨 계획을 세웠어요?
나: 특별한 계획은 아직 없지만, 여행을 많이 하려고 해요. 그런데 학기 중에는 먼 곳에 가기가 힘들기 때문에 먼저 서울 근처를 여행할 생각이에요. 마사토 씨는 이번 학기에 뭘 할 계획이에요?
가: 전 생활 습관을 좀 바꿔 보려고 해요. 그동안 늦게 자서 아침에 일어나기가 힘들었어요. 그런데 이번 학기부터는 아무리 힘들어도 일찍 일어나려고 해요.

2

저는 내년에 한국 대학에 입학해서 공부할 꿈을 가지고 있습니다. 그래서 이번 학기부터는 대학에 입학하기 위해 준비를 할 예정입니다.
한국 대학교에 입학하기 위해서는 말도 잘해야 하지만 책을 빨리 읽는 것도 중요합니다. 그래서 이번 학기에는 빨리 읽는 연습을 많이 할 계획입니다. 쉬운 신문기사나 잡지에 실린 글을 빨리 읽어 보려고 합니다. 그리고 쉬운 한국 문학 작품도 읽어 볼 생각입니다.

제2과 요리
CD1. track 16~17

1

가: 마이클 씨는 뭐 먹을래요?
나: 글쎄요. 이 아귀찜은 뭐예요?
가: '아귀'라는 생선을 찐 건데요. 콩나물이 아주 많이 들었어요. 고춧가루하고 여러 가지 양념으로 아주 맵게 만든 거예요.
나: 그래요? 그럼 안 되겠다.
가: 매운 걸 안 좋아하면 생선구이는 어때요?
나: 양념은 뭘로 하는 거예요?
가: 보통 생선구이는 다 그냥 소금으로만 간을 해요.
나: 그럼, 저는 생선구이로 할게요.

2

안녕하세요. 오늘은 '겨울 연가' 드라마 촬영지로 유명한 춘천의 대표적인 음식, 닭갈비 만드는 법에 대해 소개해 드리겠습니다. 재료로는 닭고기, 양파하고 파 등 좋아하는 야채를 준비하세요. 그리고 양념으로는 고추장, 고춧가루, 간장, 다진 마늘, 다진 양파, 참기름, 설탕을 준비하세요.
먼저 닭고기를 먹기 좋은 크기로 썰어 놓으세요. 그리고 여러 가지 양념으로 양념장을 만들어서 썰어 놓은 고기하고 잘 섞으시면 됩니다. 그리고 여러 가지 야채들을 씻어서 먹기 좋은 크기로 썰어 두세요.
이제 재료 준비가 다 끝났네요. 그럼, 이제 프라이팬에 기름을 조금 넣고 양념한 고기를 넣고 볶습니다. 이때 센 불로 볶는 것이 좋습니다. 고기가 조금 익으면 다른 야채들을 넣고 볶으면 완성됩니다. 닭갈비! 이제 집에서도 즐길 수 있으시겠지요? 오늘 저녁은 닭갈비를 한번 준비해 보세요.

제3과 소식·소문
CD1. track 24~25

1

가: 윤아가 대학원에 입학했다고 하는 소식 들었어?
나: 정말? 처음 듣는 얘긴데. 그럼 직장은 그만둔 거야?
가: 응. 회사를 그만두고 대학원에 입학했다고 했어.
나: 그랬구나. 윤아한테 요즘 통 소식이 없어서 궁금해하고 있었는데 회사를 그만두었구나. 그런데 윤아가 그 회사에 다니는 걸 좋아했었잖아.
가: 그래서 나도 그 이야기를 듣고 좀 놀랐는데 사실 윤아가 옛날부터 공부를 더 하고 싶어했잖아.
나: 그래도 사람들이 부러워하는 직장을 그만두고 공부를 다시 시작했다고 하는 이야기는 좀 놀랍다. 윤아를 만나면 공부 열심히 하라고 전해 줘.

2

가: 그 얘기 들었어? 김소라 씨하고 박영진 씨 말이야. (나: 두 사람이 뭐?) 요즘 사람들이 둘이 사귀는 거 같다고 난리야. (다: 설마.) 진짜라니까. 글쎄 어제도 커피숍에서 봤는데 둘이 다정하게 앉아 있는 거야. (다: 그게 뭐?) 참, 가만히 좀 있어 봐. 며칠 전에도 식당에서 봤는데, 두 사람만 왔냐고 물어보니까 좀 당황하는 것 같았어. 김소라 씨는 얼굴이 빨개지고

박영진 씨는 막 웃고. (나: 정말?)
다: 설마. 그냥 친한 사이겠지. 둘이 같이 다닌다고 다 사귀는 건 아니잖아. 두 사람이 네가 이런 말 하고 다니는 거 알면 기분 나쁠 수도 있으니까 조심해라. 하여튼……

제4과 성격

1 CD1. track 32~33

가: "스타와 함께!" 오늘 이 시간에는 요즘 큰 인기를 얻고 있는 고주원 씨를 모셨습니다. 안녕하세요? 주원 씨.
나: 네. 안녕하세요.
가: 이번 영화에서 활발하고 사교적인 역할을 하셨잖아요. 그런데 실제 성격은 어떠세요?
나: 좀 내성적인 편이에요.
가: 오, 그래요? 그런데 영화를 보면 전혀 그런 느낌이 안 들던데요. 아무하고나 잘 지내고, 아무 데서나 잘 살 것 같았는데. 본인 성격과 반대인 역할을 해서 힘들었겠어요?
나: 네. 원래 제 말이 좀 느린 편이거든요.
가: 아, 좀 그러신 것 같네요.
나: 오늘은 굉장히 빨리 말하고 있는 거예요.
가: 하하, 이게 빠른 거예요?
나: 네. 연기할 때는 괜찮은데 평소에는 말을 빨리 하지를 못해요. 저 때문에 답답하시죠?
가: 하하. 아니에요. 오히려 느긋한 모습이 더 멋있으세요.

2

제가 생각하는 제 성격의 장점은 고집이 세다는 것입니다. 모두들 고집이 센 성격은 다른 사람과 어울리기 어렵다고 말하는데 저는 그렇지 않다고 봅니다.
고집이 세다는 것은 그 일에 대해 관심을 갖고 있다는 것이고 다른 사람을 설득할 정도로 자신의 선택에 확신이 있다는 것입니다. 요즘 자기 주관이 없이 주위 사람의 의견만 따라가는 사람이 많은데, 이럴 때일수록 저처럼 자신만의 고집을 갖고 있는 사람이 필요하다고 생각합니다.
반면 제 성격의 단점은 꼼꼼하다는 것입니다. 어떤 일을 할 때 작은 실수 하나도 참지 못해 저뿐만 아니라 주위 사람들까지 괴롭힐 때가 있습니다. 일에 실수가 없는 것은 좋지만 너무 꼼꼼해서 여유가 없다는 이야기를 자주 들었습니다. 그래서 여유를 갖고 느긋한 성격으로 바꾸려고 노력하고 있습니다.

제5과 생활 예절

1 CD1. track 40~41

가: 다니엘 씨, 무슨 기분 나쁜 일이 있었어요?
나: 저 사람이 제 팔을 쳤는데 아무 말도 안 하고 가잖아요. 왜 한국 사람들은 이럴 때 미안하다고 안 해요?
가: 그랬어요? 근데 저 사람도 미안한 마음이 없는 건 아닐 거예요. 그냥 말로 표현을 잘 못해서 그래요.
나: 미안하다는 말이 어려운 것도 아닌데 왜 못해요? 한 마디만 하면 짜증나는 일도 없을 텐데요.
가: 그 마음도 충분히 알겠는데요. 한국 사람들은 말로 표현하는 것보다 마음이 더 중요하다고 생각해서 그래요. 말하지 않아도 이해할 거라고 생각하는 거죠.
나: 흠. 어쨌든 미안한 마음은 있다는 거죠? 사실 지금까지는 제가 외국인이라서 무시하는 건 줄 알았어요.

2

안녕하십니까? 오늘도 저희 고려극장을 찾아 주신 관객 여러분께 감사 드립니다. 공연을 시작하기 전 편안한 관람을 위한 몇 가지 안내 말씀을 드리겠습니다.
첫째, 공연 중에는 휴대폰을 꺼 주십시오. 진동 소리도 방해가 될 수 있습니다.
둘째, 공연 중 사진 촬영은 안 됩니다. 공연이 끝난 후에 시간을 드릴 테니까 그때 해 주세요.
셋째, 나가실 때 잃어버리는 물건은 없는지 확인하시고 소지품은 꼭 챙겨 가세요.
넷째, 앞 좌석을 발로 차지 마세요. 앞 사람이 깜짝 놀란답니다.
그리고 마지막으로! 공연이 재미있으시면 큰 소리로 웃고 박수 쳐 주세요.
그럼 이제 공연을 시작하겠습니다.

제6과 미용실

1
가: 어서 오세요. 어떻게 해 드릴까요?
나: 짧게 자르고 파마 좀 하려고요.
가: 지금 이 상태로 파마해도 예쁠 것 같은데……
나: 머리가 너무 기니까 머리를 감고 말리는 데 시간이 너무 오래 걸려서 머리를 좀 짧게 자르려고요. 이상할까요?
가: 아니에요. 손님은 얼굴이 작아서 단발머리도 잘 어울릴 거예요. 그런데 파마를 하면 앞머리를 자르는 게 손질하기 좋으실 거예요.
나: 앞머리는 한 번도 안 잘라 봤는데 괜찮을까요?
가: 걱정하지 마세요. 예쁘게 잘라 드릴게요.

2
가: 다음은 인천에서 김미영 씨가 보낸 사연입니다. 김미영 씨는 어울리는 머리 모양을 찾고 싶다고 하셨네요. 사진을 보니까 김미영 씨는 얼굴이 좀 길고 하얀 편이신 것 같은데요. 이런 분들에게는 어떤 머리 모양이 어울릴까요?
나: 김미영 씨 같은 경우는 얼굴이 좀 긴 편이시니까 지금처럼 긴 생머리를 하면 얼굴이 더 길어 보일 수 있습니다. 얼굴이 좀 긴 분들은 굵은 웨이브 파마를 하고 앞머리를 잘라 보세요. 굵은 웨이브 파마를 하면 머리가 옆으로 퍼져서 얼굴이 덜 길어 보이는 효과가 있습니다. 그리고 앞머리를 자르면 얼굴이 작아 보이겠지요? 그리고 염색을 하시려면 까만색처럼 어두운 색보다는 밝은 색이 좋습니다.

제7과 한국 생활

1
가: 크리스틴 씨는 언제부터 한국에 관심을 갖게 되었어요?
나: 제가 한국에 처음 온 게 2002년 여름이에요. 그때 아시아 지역을 여행 중이었는데, 마침 한국에서 월드컵이 있어서 축구 구경도 할 겸 한국에 왔지요.
가: 그때 좋은 인상을 받았나 봐요. 이렇게 한국어 공부까지 하는 것을 보면.
나: 물론이에요. 온 국민이 빨간색 티셔츠를 입고 응원하는 모습은 지금도 잊을 수 없어요. 그렇게 열정적인 사람들은 처음 봤거든요.
가: 한국에서 살면서 혹시 생각이 달라지진 않았어요?
나: 생활하다 보면 화가 날 때도 있고, 실망할 때도 있는데 그건 어느 나라나 똑같은 것 같아요. 그리고 한국에 산 지 오래돼서 그런지 요즘에는 외국에 있다는 사실을 잊을 때도 있어요. 그만큼 익숙해졌나 봐요.

2
한국에 온 지 벌써 육 개월이 지났습니다. 낯선 한국 생활에도 많이 익숙해졌고, 한국어도 자연스럽게 사용할 수 있게 됐습니다. 가끔은 고향에 있는 가족이나 친구와 이야기할 때도 한국어가 나오기도 합니다. 여러분도 이럴 때가 있지요?

특히 제가 자주 사용하는 한국어는 바로 '어'입니다. 짧은 이 단어는 여러 상황에서 통할 수 있고 아주 요긴합니다.

예를 들어 '응'이라는 말 대신 '어'라고 할 수도 있고, '뭐라고?'라는 말을 대신하려면 '어?'라고 끝을 올리면 됩니다. 심지어 내 친구는 전화를 받을 때 처음부터 끝까지 '어. 어? 어! 어.'로 끝낸 적도 있습니다. 대단하지 않아요?

제가 이렇게 '어'라는 말을 좋아하고 많이 써서 그런지 지금은 고향에 있는 제 가족들도 '어'라고 말하면 무슨 뜻인지 아는 것 같습니다.

제8과 분실물

1
가: 네. 지하철 유실물 보관소입니다.
나: 오늘 오전에 지하철에서 가방을 놓고 내렸는데요.
가: 잃어버린 가방이 어떻게 생겼습니까?
나: 어깨에 메는 배낭인데요. 진한 파란색이에요.
가: 다른 특징은 없습니까?
나: 산 지 오래돼서 좀 낡았고요, 앞에 가죽 장식으로 고려대학교 글자가 쓰여 있어요.
가: 안에 뭐가 들었습니까?
나: 전자 사전 하나하고, 책 몇 권이요.
가: 잠시만 기다리세요. 곧 확인해 드리겠습니다.

2
분실물 신고가 들어왔네요. 2013번님께서 방금 전 버스에 노트북 가방을 놓고 내리셨다고 합니다. 종로에서 안암동으로 가는 100번 버스인데요. 버스 맨 뒤에 앉아 계셨다고 하네요.

"깜박 졸다가 그만 놓고 내렸어요. 노트북 안에 중요한 자료가 다 들어가 있는데 눈앞이 깜깜합니다. 노트북은 까만색이고요. 가방은 분홍색입니다. 가방 손잡이에 전화번호가 쓰인 이름표도 있어요. 제발 찾아 주세요."

네. 애타게 노트북 가방을 찾고 계시는 사연이었습니다. 100번 버스에서 분홍색 노트북 가방을 보신 분은 방송국으로 연락 주세요. 음악 한 곡 들을까요?

제9과 연애 · 결혼

1 CD2. track 7~8

가: 마이클 씨는 여자 친구를 어떻게 만났어요?
나: 학교에서 친하게 지내던 친구예요.
가: 그럼 사귄 지 오래됐어요?
나: 아니요. 사귄 건 대학교 3학년 때부터니까 이제 1년쯤 됐네요.
가: 여자 친구의 어떤 점이 좋아요? 예뻐요?
나: 글쎄요. 예쁘지는 않지만 마음도 잘 맞고 보면 볼수록 귀여워요.
가: 그럼, 이 여자 친구하고 결혼할 생각도 있어요?
나: 아직 둘 다 어려서 잘은 모르겠지만 이 사람이라면 결혼해서도 행복할 것 같기는 해요.

2

가: 네, 니콜라 씨의 생각 잘 들었습니다. 다른 분들도 새로운 사람을 만날 때 그 사람의 외모나 성격이 제일 중요하다고 생각하십니까? 네, 마이클 씨, 말씀해 주시겠습니까?
나: 저는 니콜라 씨와는 생각이 좀 다릅니다. 물론 외모나 성격이 중요하기는 합니다. 그렇지만 예쁜 것보다 평생의 동반자로서 미래의 계획을 함께 세울 수 있는 사람을 만나고 싶습니다. 시간이 갈수록 더 든든한 동반자로 평생을 함께 하고 싶은 믿음이 가는 사람 말입니다. 그리고 저는 능력이 중요하다고 생각합니다. 성격도 좋고 착한데 능력이 없는 사람은 글쎄요……? 그래서 저는 나이가 나보다 어려도 내가 믿을 수 있는 능력이 있는 사람을 만나서 사귀어 보고 싶습니다.

제10과 선물

1 CD2. track 15~16

가: 다음 주가 스승의 날이잖아요. 우리 반 선생님께 선물을 하려고 하는데 뭘 사야 할지 모르겠어요. 한국에서는 스승의 날 보통 뭘 선물해요?
나: 특별히 선물하는 것은 없지만 카네이션을 드리기도 해요.
가: 카네이션이요? 카네이션은 어버이날 선물로 많이 한다고 들었는데요.
나: 맞아요. 한국에서는 선생님은 부모님과 같다고 생각하는 사람이 많아서 그런 거 같아요.
가: 그럼, 카네이션하고 작은 선물을 하나 준비해야겠네요. 수업할 때 들고 다니는 작은 가방 같은 거 어때요? 좋아하실까요?
나: 그거 좋겠네요. 선생님께서도 받고 부담스러워하실 것 같지 않고 선생님께 필요한 거기도 하니까요.

2

오늘은 '선물'에 얽힌 사연들을 소개해 드리고 있는데요. 안암동에 사시는 김미연 씨의 사연은 잊지 못할 선물에 대한 것입니다. 그런데 김미연 씨가 받은 선물이 아니라, 준 선물인데 하도 힘들게 만들어서 잊지 못한다고 하네요.

"안녕하세요? 저는 안암동에 사는 김미연입니다. 얼마 전 가장 친한 친구의 생일 선물 때문에 고민을 한 적이 있습니다. 저는 친구에게 뭔가 특별한 선물을 해 주고 싶었습니다. 어떤 선물이 좋을지 몰라서 그냥 친구가 좋아하는 책을 사 주려다가 뭔가 특별한 선물을 하기로 마음을 바꿨습니다. 그래서 10년 전부터 함께 찍은 사진들을 모아 앨범을 만들었습니다. 직접 컴퓨터로 편집도 하고 친구와의 추억에 대한 메모도 적었습니다. 그리고 축하 편지도 썼습니다. 그 선물을 받고 친구가 펑펑 울었습니다. 선물을 준비하느라고 힘들었지만 감동의 눈물을 흘리는 친구를 보며 저도 함께 울었습니다."

와, 친구가 직접 제작한 기념 앨범이라니 정말 특별한 선물이 되었겠네요. 두 분을 위해 음악 선물을 드리도록 하겠습니다. 같이 듣죠. 유엔이 부릅니다. '선물'

제11과 사건 · 사고

1 CD2. track 23~24

가: 유미 씨, 무슨 일이에요? 전화를 많이 했네요.
나: 집에 도둑이 들었어요.

가: 언제요? 다치지는 않았어요?
나: 네. 제가 외출했을 때 들어왔나 봐요. 밖에 나갔다가 들어와 보니 방이 엉망인 거예요.
가: 사람이 안 다쳐서 다행이긴 한데, 잃어버린 게 뭐예요?
나: 책상 위에 있던 노트북하고, 서랍 속에 있던 생활비를 가져갔어요.
가: 신고는 했어요?
나: 네, 방금 전에 경찰이 와서 조사하고 갔어요.
가: 그런데 어떻게 들어왔을까요? 혹시 문을 안 잠그고 나갔어요?
나: 아니요. 나갈 때 문을 잠갔는데, 창문으로 들어온 것 같아요. 제가 돌아왔을 때에도 현관문은 잠겨 있었거든요.

2

오늘의 사건, 사고 뉴스를 말씀 드리겠습니다.
오늘 낮 2시 반쯤 서울 수락산 정상 부근에서 42살 김 모 씨가 10미터 아래로 떨어졌습니다. 이 사고로 김 씨가 머리를 크게 다쳐 근처 병원에서 치료를 받고 있습니다. 경찰은 김 씨가 산을 내려오다 눈길에 미끄러진 것으로 보고 있습니다.
또한 오늘 새벽 1시 50분쯤 전주시 전미동 가정집에서 불이 나 안에서 자고 있던 70살 정모 씨가 숨졌습니다. 또 집 내부가 불타 500만 원의 재산피해가 났습니다. 경찰과 소방당국은 주방 쪽에서 불이 시작된 것으로 보고 정확한 화재 원인을 조사하고 있습니다.

제12과 실수 · 후회

1 CD2. track 31~32

가: 철수 씨 무슨 일 있어요? 얼굴이 빨개졌어요.
나: 네. 사실은 좀 전에 학교에 오다가 제 친구하고 정말 비슷한 사람을 봤거든요.
가: 그런데 왜요?
나: 그 사람이 입은 옷이랑 머리 모양이 제 친구랑 정말 비슷해서 저는 제 친구인 줄 알았지 뭐예요.
가: 그런데 아니었어요?
나: 네. 저는 제 친구인 줄 알고 인사를 했는데 다른 사람이잖아요.
가: 하하, 정말 그 사람도 깜짝 놀랐겠네요.
나: 네. 정말 창피해서 죽을 뻔했어요.

가: 누구나 한 번쯤 그런 실수를 하니까 너무 창피하게 생각하지 말고 잊어버리세요.

2

저한테는 만난 지 10년 된 친구가 있습니다. 그 친구와 저는 중학교 때 같은 반에서 만났습니다.
우리는 친구가 된 후로 지금까지 좋은 친구 사이로 지냈습니다. 성격이 서로 다르기 때문에 가끔 생각의 차이가 있을 때가 있지만 대부분 서로의 입장을 잘 이해하는 편이었습니다.
그런데 며칠 전에는 상황이 심각해져서 큰소리를 내게 됐고 결국 서로 기분이 상한 채 헤어졌습니다. 생각해 보면 별일 아닌데 큰소리를 내고 내가 너무 심하게 이야기한 것 같습니다. 좀 참고 친구의 의견을 잘 들어줄걸 그랬다는 후회가 듭니다.
사소한 일 때문에 좋은 친구와 사이가 멀어진 것 같아서 정말 후회가 됩니다. 조금 더 생각하고 말할걸 그랬다는 생각에 잠도 잘 안 옵니다. 내일 아침에 친구에게 전화를 해야겠습니다.

제13과 직장

1 CD2. track 39~40

가: 철수 씨는 어떤 일을 하고 싶어요?
나: 저는 광고를 만드는 일처럼 창조적인 일을 하고 싶어요. 대학교에서 광고 동아리를 하다 보니 자연스럽게 그쪽에 관심을 갖게 된 것 같아요.
가: 광고 회사의 경우 연봉은 괜찮은데 스트레스를 많이 받는다고 들었는데요.
나: 글쎄요. 저는 돈보다 제가 하고 싶은 일을 하고 싶어요.
가: 저는 너무 힘들거나 스트레스를 받는 일을 못 하겠더라고요.
나: 물론 처음에는 힘들겠지만 적성에 맞는 일을 즐겁게 할 수 있다면 스트레스도 없겠지요.
가: 어쨌든 하고 싶은 일을 하기 위해서 노력하는 철수 씨가 부럽네요. 꼭 좋은 결과 있었으면 좋겠어요.

2

안녕하세요? 저는 대학 졸업을 앞둔 학생입니다. 이렇게 동영상을 올리는 이유는 남들과 다른 자기소개를 하고 싶어서입니다. 저는 저에게 맞는 직장을 찾고 싶습니다.
저는 예전부터 창조적인 일을 하고 싶었습니다. 매일

반복되는 일이나 다른 사람과 똑같은 일을 해야 한다면 별로 하고 싶지 않을 것 같습니다. 그리고 똑같은 장소에 앉아서 컴퓨터를 가지고 일을 하거나 다른 사람과 의견을 나눌 기회도 없이 혼자서 일을 해야 한다면 정말 답답할 것 같습니다. 저는 직장을 구할 때 지금 당장 돈을 벌 수 있는 일보다는 시간이 갈수록 내가 발전하고 있다는 것을 느낄 수 있는 일을 하고 싶습니다. 다른 사람들은 안정된 직장에서 일하고 싶다고 하지만 저는 늘 도전할 수 있고 그 도전을 통해 나를 발전시킬 수 있는 일을 찾고 싶습니다.

여러 기업인 여러분, 저에게 도전의 기회를 주시지 않겠습니까? 여러분의 선택을 기다리겠습니다.

제14과 여행 계획

CD2. track 47~48

1

가: 이번 졸업여행 장소는 어디가 좋을까요?
나: 부산 쪽은 어때요? 그쪽에 사시는 분 이야기를 들으니 요즘 축제도 있어서 볼 만한 게 많대요.
가: 부산 좋네요. 바다도 있고 구경할 게 많아서 학생들도 좋아할 것 같은데요. 그런데 그곳에 뭔가 체험해 볼 만한 게 있을까요?
나: 잘은 모르지만 외국인들 대상의 체험 프로그램이 있다고 들었어요. 정 안 되면 저희들이 직접 프로그램을 짜도 되고요.
가: 그래요. 그럼 장소는 부산으로 하고 부산에 대한 정보를 각자 좀 알아본 후 다시 이야기하지요. 정리되는 대로 다시 모입시다.

2

가: 네, 눈꽃여행 전문 하늘여행사입니다.
나: 눈꽃기차여행에 관해 문의드리려고요. 1박 2일 상품이 많던데 무박으로 가는 상품도 있습니까?
가: 네, 무박 2일 상품이 있는데요. 밤 10시에 출발해서 다음날 아침 동해 일출을 볼 수 있는 상품이 있고요. 아니면 오전 8시에 출발해 저녁 10시쯤 서울 도착 예정인 당일 코스도 있습니다.
나: 당일 코스는 가격이 어떻게 돼요?
가: 성인 1인당 8만 원인데요. 왕복 기차표와 태백산 눈꽃 트레킹 요금, 그리고 중식이 포함된 가격입니다. 눈 조각 공원 입장료는 별도입니다.
나: 네, 그럼 다음 주 금요일로 어른 두 명 예약해 주세요.

제15과 명절

CD2. track 55~56

1

가: 샤오칭! 설 연휴 잘 보냈어?
나: 응, 중국에 가서 맛있는 음식도 먹고 재미있게 놀다 왔어.
가: 그랬어? 좋았겠다. 그런데 뭐가 그렇게 재미있었어?
나: 오래간만에 가족하고 친척들 만나서 맛있는 음식도 먹고, 이야기도 많이 하고…… 참! 그리고 밤에는 불꽃놀이도 했어.
가: 불꽃놀이? 나도 전에 사진으로 본 적이 있는데, 정말 멋있더라.
나: 사실 그렇게 멋있는 불꽃놀이는 아니고, 그냥 폭죽을 터트리면서 소원을 비는 거야. 그런데 요코, 너는 고향에 갔다 왔어?
가: 아니, 일본은 설날이 양력 1월 1일이야.
나: 그럼, 좀 쓸쓸했겠다.
가: 아니야. 하숙집 아주머니가 떡국을 주셔서 맛있게 먹고 하숙집 친구들하고 윷놀이도 했어.
나: 윷놀이까지 했어?
가: 응. 아주머니가 가르쳐 주셨는데, 아주 재미있었어.

2

한국에서는 설날이 가장 큰 명절입니다. 설날은 새해가 시작되는 날이기 때문에 다른 나라에서도 마찬가지일 것입니다.

그렇지만 설날의 날짜와 풍습 등은 나라마다 차이가 있습니다. 우선 우리나라에서는 설날이 1월 1일이지만, 한국과 중국에서는 음력 1월 1일이 설날이라고 합니다. 또 태국과 미얀마에서는 4월에 설날이 있다고 합니다. 태국과 미얀마에서는 4월을 한 해가 시작되는 달이라고 보기 때문인데요. 나라에 따라 1년이 시작되는 시기까지 다르게 본다는 것에 나는 무척 놀랐습니다.

또한 설날의 풍습도 많이 다릅니다. 한국에서는 설날 아침에 차례를 지내지만, 우리나라 사람들은 교회에 가고, 중국에서는 집집마다 폭죽을 터트리고, 일본에서는 집 앞에 소나무를 꽂아둔다고 합니다. 그런데 이런 풍습들이 모두 가족들의 건강과 행복을 기원하는 의미가 있다고 합니다. 이렇게 나라마다 풍습이 다른데도 그 의미는 하나라는 것을 알고 나는 다시 한 번 놀랐습니다.

Answers 정답

제1과 새로운 생활

〔듣기〕
1) 1) ② 2) ③
2) 1) × 2) × 3) ○

〔읽기〕
1) 1) 내용을 외우기 위해 수백 번 원고를 읽고, 친구가 녹음해 준 테이프를 듣고 따라했다.
2) 한국어 통역가가 되는 것
3) 한국어를 더 정확하고 유창하게 하기 위해 한국으로 유학을 가려고 계획하고 있다.

제2과 요리

〔듣기〕
1) 1) ○ 2) ○ 3) ×
2) 1) ⓓ → ⓑ → ⓔ → ⓒ → ⓐ

〔읽기〕
1) 1) ③
2) (1) ○ (2) × (3) ×

제3과 소식·소문

〔듣기〕
1) 1) × 2) ○ 3) ○
2) 1) ○ 2) × 3) ×

제4과 성격

〔듣기〕
2) 1) × 2) ○ 3) ×

제5과 생활 예절

〔듣기〕
1) 1) × 2) × 3) ○
2) 1) ○ 2) × 3) ×

〔읽기〕
1) 1-ⓐ 2-ⓓ 4-ⓑ 6-ⓒ

제6과 미용실

〔듣기〕
1) 1) ⓒ 2) ⓑ
2) 1) ○ 2) × 3) × 4) ○

〔읽기〕
1) 1) 내 얼굴형에 어울리는 머리 모양
2) ③

제7과 한국 생활

〔듣기〕
1) 1) ○ 2) ○ 3) ×
2) 1) × 2) ○ 3) ×

〔읽기〕
1) 1) ③ 2) ④

제8과 분실물

〔듣기〕
1) 1) (1) × (2) × (3) ○
2) ⓑ
2) 1) (1) × (2) × (3) ○
2) ⓒ

〔읽기〕
1) 1) ㉠ 지갑을 찾습니다!
㉡ 전자 사전의 주인을 찾습니다!
2) ㉠
㉡

제9과 연애·결혼

〔듣기〕
1) 1) ○ 2) ○ 3) ×
2) 1) ① 2) ③

〔읽기〕
1) ㉠-경제력 ㉡-성격

제10과 선물

〔듣기〕
1 1) × 2) ○ 3) ○
2 1) × 2) ○ 3) ○

제11과 사건·사고

〔듣기〕
1 1) ○ 2) ○ 3) ×
2 1) ① 2) ②

〔읽기〕
1 (1) × (2) ○ (3) ×

제12과 실수·후회

〔듣기〕
1 1) × 2) ○ 3) ×
2 1) ☐ 실수 ☑ 후회
 2) ☐ 내 의견을 들어 달라고 한다.
  ☑ 친구의 의견을 들어주려고 한다.

〔읽기〕
1 1) ③

제13과 직장

〔듣기〕
1 1) ☑ 창조적인 일 ☐ 전공을 살릴 수 있는 일
 2) ☐ 연봉 ☑ 적성
2 1) ☑ 광고 회사 ☐ 은행
 2) ☐ 안정성 ☑ 장래성

〔읽기〕
1 2) ③

제14과 여행 계획

〔듣기〕
1 1) × 2) × 3) ○
2 1) ○ 2) × 3) ×

제15과 명절

〔듣기〕
1 1) × 2) ○ 3) × 4) ○
2 1) ④
 2)

• 날짜	
자기 나라	1월 1일
한국	음력 1월 1일
중국	음력 1월 1일
태국, 미얀마	4월

• 풍습	
자기 나라	교회
한국	차례
중국	폭죽 (불꽃놀이)
일본	집 앞, 소나무

〔읽기〕
1 1) ①
 2) ⓐ, ⓑ, ⓒ, ⓔ, ⓕ

Glossary 찾아보기

Vocabulary	Page No.

ㄱ

가리다 to hide ··· 111
가스 stove ··· 186
가스가 폭발하다 (gas) to explode ················ 185
가정 형편 family situation ······························· 54
가정환경 family environment ························ 156
가져다 주다 to bring over ································ 28
가족 여행 family trip ····································· 235
가족과 떨어져 살다 to live apart from family ········ 121
가죽 leather ··· 135
가치관 value ·· 156
간을 하다 to add seasoning ···························· 43
간장 soy sauce ·· 39
간판 signboard ··· 120
갈다 to grind ·· 40
감기다 to be wounded ·································· 195
감동하다 to be moved ·································· 174
감자 potato ·· 38
갖추다 to be equipped with ·························· 234
거꾸로 inside out ·· 204
거칠다 to be rough ··· 87
거품 bubble ··· 167
건강식품 health supplementary food ············ 169
건물이 무너지다/붕괴되다 (building) to collapse ··· 185
건물이 타다 (building) to be burnt down ······· 183
게다가 in addition ··· 201
게으르다 to be lazy ·· 74
겨울 연가 Winter Sonata(Korean drama) ······· 43
결석하다 to be absent ·································· 202
결실을 맺다 to bear fruit/to be successful ····· 152
결혼기념일 wedding anniversary ··················· 169
결혼하다 to get married ·································· 55
경력을 쌓다 to build one's career ················· 226
경제 상황 economic situation ······················· 217
경제력 financial capabilities ·························· 156

곁 one's side ··· 207
계기 a reason (for doing something) ··············· 72
계란찜 steamed egg ······································· 35
계획을 세우다 to make plan ··························· 19
계획을 짜다 to make plans ··························· 240
고개를 돌리다 to turn one's head away ········· 87
고구마 sweet potato ······································· 38
고급스럽다 to be luxurious ··························· 235
고민 worry ··· 217
고민하다 to give a lot of thoughts about (something) ··· 174
고속도로 highway ··· 249
고집이 세다 to be stubborn ···························· 73
고추 pepper ··· 38
고추장 hot pepper paste ································ 39
고춧가루 grounded red pepper ······················· 41
고풍스럽다 to be old-fashioned ···················· 234
고향에 내려가다 to visit home
     (where your parents and grandparents reside) ········ 251
곡식 grain ·· 252
곧 soon ··· 19
곱슬거리다 to be curly ·································· 103
곱슬머리 curly hair ······································· 105
공공장소 public place ···································· 88
공연 performance ·· 93
공통점 similarities ······································· 256
관계자 person related to the matter ············· 192
관람 viewing ·· 93
관심이 생기다 to gain interest (in something) ········ 221
광고 advertisement ······································ 224
괘종시계 wall clock ······································ 170
괴롭히다 to bother ··· 78
굉장하다 to be striking ································ 114
구부러지다 to be bent ·································· 188
구비되다 to be possessed ··························· 234
구이 grilled ·· 35
구직 seeking a job ······································· 224

272 찾아보기

구체적이다 to be specific······158
국내 여행 domestic tour······235
국물 soup······203
국민 citizen······125
국제결혼 international marriage······157
군대에 가다 to join in the army······55
군데 place······217
굳다 to harden······210
굵다 to be thick······103
굽다 to grill/broil······35
귀엽다 to be cute······88
규모 size······219
규칙적이다 to be regular······25
그네를 뛰다 to rock back and forth on a swing······258
그땐 뭘 모르다 to not know anything about back then··155
그러고 보니 come to think of it······71
그럴 리가요. No way.······55
그렇군요. I see.······55
그렇지 않아도 going to······53
그리 (not) so······71
그만두다 to quit······60
근무 시간 working hours······219
금 gold······139
금연 No smoking······89
기다랗다 to be long······115
기름 oil······36
기부를 하다 to donate······23
기분 전환 diversion/relaxation······119
기분을 상하다 to feel upset······90
기쁨 joy······28
기억 memory······172
기억하다 to remember······19
기차표 train ticket······254
기후가 다르다 climate is different······121
긴 머리 long hair······105
길을 잃다 to lose one's way······123
김치볶음밥 Kimchi fried rice······36
까맣다 to be black······108
깎다 to cut······40
깎이다 to be cut······195
깔끔하다 to be neat······103
깜박 for a moment······186
깨지다 to be broken······188
꺼지다 to die out······188
껍질을 까다 to peel······40
꼼꼼하다 to be meticulous······73
꼼꼼히 meticulously······72
꼽다 to choose (as reason)······160
꽂다 to put into······256
꽃무늬 floral pattern······138
끈 string······138
끊기다 to be cut······188
끌리다 to be attracted······119
끓이다 to boil······38
끼어들다 to break in······186
끼우다 to tuck (something) in······141

ㄴ

나무 wood······139
나물 wild greens······251
나프탈렌 naphthalene······210
낙방을 하다 to fail······226
낙천적이다 to be optimistic······80
난로 fireplace······186
난리 mess······183
난장판이 되다 to be a mess······187
날씨가 풀리다 (weather) to get warm······238
날이 건조하다 (weather) to be dry······190
날이 흐리다 (weather) to be cloudy······254
남 others······54
남산 한옥마을
Namsan Mountain Korean style house village······249

남의 시선을 의식하며 살다
  to be aware of public gaze ·········· 123
남이섬 Namiseom(island) ·········· 242
남편 husband ·········· 154
낫다 to be better ·········· 71
낯설다 to be unfamiliar ·········· 104
내 발등을 찍고 싶다
  to want to kick oneself (lit. to wish to chop my foot) ·· 155
내복 thermals ·········· 170
내부 interior ·········· 190
내성적이다 to be introspective ·········· 73
냄비 pot ·········· 42
넉넉하다 to be enough ·········· 162
넘어가다 to go over (something) ·········· 192
넘어지다 to fall down ·········· 185
네모나다 to be squared ·········· 135
노랗다 to be yellow ·········· 115
노력하다 to make an effort ·········· 23
노약자 the old and the weak ·········· 95
노약자석 seats for senior citizens and the disabled ·········· 89
녹음하다 to record ·········· 28
놀라다 to be surprised ·········· 60
놀랍다 to be surprising ·········· 60
농촌 farm village ·········· 242
높임말 honorific speech ·········· 92
놓다 to place (something somewhere) ·········· 136
놓이다 to be placed down ·········· 188
누가 그래요? Who told you so? ·········· 55
눈꽃 snow flower ·········· 240
눈높이 one's standard ·········· 226
눈덩이 snowball ·········· 62
눈썹 eyebrow ·········· 204
눈에 콩깍지가 쓰이다 to be blinded with love
  (lit. to cover one's eye with a bean hull) ·········· 155
눈이 삐다 to be blinded ·········· 155
눌리다 to be pushed ·········· 195

느긋하다 to have a relaxed personality ·········· 73
느낌이 좋다 to have good feelings ·········· 153
느리다 to be slow ·········· 78
늘 all the time ·········· 202
능력 capability ·········· 156
능력을 발휘하다 to show one's ability ·········· 226
늦추다 to put off ·········· 152

ㄷ

다듬다 to trim ·········· 40
다른 사람에게 피해를 주다
  to make other people feel disturbed ·········· 89
다른 사람을 잘 배려하다 to be thoughtful to others ·········· 90
다이너마이트 dynamite ·········· 210
다정하다 to be warm-hearted ·········· 60
다지다 to mince ·········· 40
단발머리 bobbed hair ·········· 105
단어장 wordbook ·········· 25
단오 the May Festival
  (the 5th of the 5th month of the year according to
  the lunar calendar) ·········· 251
단점 weakness ·········· 78
단정하다 to be tidy ·········· 107
닫히다 to be closed ·········· 188
달라지다 to be changed ·········· 250
닭고기 chicken ·········· 37
담그다 to soak ·········· 41
담기다 to contain ·········· 168
(담배를) 끊다 to quit (smoking) ·········· 19
담배/술을 끊다 to quit smoking/drinking ·········· 21
담배/술을 줄이다 to reduce smoking/drinking ·········· 21
답답하다 to feel impatient ·········· 119
당근 carrot ·········· 35
당면 vermicelli ·········· 35
당일 the day of ·········· 240
당장 immediately ·········· 19

당하다 to have (an accident)······185
당황하다 to be embarrassed······60
대 counter unit for cars or instruments······136
대관령 *Daegwallyeong*(ridge)······242
대단하다 to be impressive······54
대둔산 *Daedunsan*(mountain)······242
대륙 continent······210
대머리 bald head······105
대부분 majority······255
대상 1 grand prize······28
대상 2 target······240
대여료 rental fee······236
대표적이다 to be representative······43
덕담 well-meant remarks······250
덕담을 하다 to give a well-meant remarks······251
덤벙대다 to be careless······72
덮이다 to be covered······188
데치다 to boil lightly······35
도둑을 맞다 to be robbed of······185
도둑이 들다 to have a thief enter······183
도전하다 to challenge······224
도중 one's way to······62
독신주의 the belief in living without a spouse······157
독특하다 to be unique······236
돈을 벌다 to earn money······21
돌 1 stone······139
돌 2 baby's 1st birthday······169
돌보다 to take care of······206
돌아다니다 to visit around······253
동거 living together······157
동그랗다 to be round······104
동남아 Southeast Asia······235
동반자 partner······158
동영상 video······224
동지 the winter solstice······251
동창회 (school) reunion······82
동해 the East Sea······240
돼지고기 pork······37
되게 extremely······260
된장 soybean paste······41
두다 to leave (something somewhere)······135
두부 bean curd/tofu······39
둔하다 to be oblivious······121
뒤를 잇다 to be followed by······160
뒤집다 to flip over······45
뒷머리 back hair······103
드라이 dryer······103
드라이하다 to dry/have one's hair styled······105
든든하다 to feel reassured······158
들리다 to be heard······188
들판 field······242
등산로 hiking trail······190
따라다니다 to follow around······151
딴 different······107
딴 생각을 하다 to think about something else······205
땅콩 peanut······252
떠들다 to talk loudly······87
떡국 rice cake soup······251
떨어뜨리다 to drop······135
떨어지다 to be out of······147
또박또박 accurately······120
뜨거워지다 to become hot······45

ㄹ

렌터카 비용 rental car fare······236

ㅁ

마감일 deadline······72
마늘 garlic······38
마련이다 supposed to be······160
마음을 받아 주다 to accept one's heart······151
마음이 잘 맞다 to get along well······153

마침내 finally	72
막막하다 to feel helpless	136
막히다 to be blocked	188
만두 dumpling	38
만들어지다 to be made	188
만족 satisfaction	80
만지다 to touch	88
말다 to roll	106
말도 안 돼요. It doesn't make sense.	55
말리다 to dry	103
말을 걸다 to start a conversation (with someone)	75
말이 통하지 않다 to be unable to communicate	121
말투 one's way of talking	87
맞다 to be suitable	217
맨 the very	135
머리끝 hair ends	111
머리를 감다 to wash hair	103
머리를 깎다 to cut hair short	105
머리를 넘기다 to turn hair over (backward)	106
머리를 다듬다 to trim hair	103
머리를 땋다 to braid hair	106
머리를 말리다 to dry hair	106
머리를 묶다 to tie hair	106
머리를 빗다 to comb hair	106
머리를 세우다 to set up hair upward	106
머리를 자르다 to cut hair	103
머리를 풀다 to lay one's hair down	106
머리를 하다 to do hair	105
먹히다 to be eaten	195
메뉴 menu	35
메다 to put on (a shoulder bag, a backpack, etc.)	138
면 1 side	45
면 2 aspect	71
명절 national holiday	169
모 Mr./Mrs. X	184
모습 sight	250
모시다 to have (someone) over as a guest	78
모양 shape	135
모으다 to gather	54
모자라다 to be short of	213
모텔 motel	237
목장 farm	242
목표 aim/goal	19
몰다 to drive	184
몰라보다 to fail to recognize	107
몰리다 to be cornered	195
무 radish	38
무단 횡단 jaywalking	94
무박 day (trip)	240
무시하다 to ignore	93
무용 dance	221
무치다 to mix	38
무침 mixed	39
묶이다 to be tied up	195
문학 작품 literary works	26
문화 행사 cultural festival	249
문화가 다르다 culture is different	121
묻히다 to be buried	195
물가가 싸다 / 비싸다 (prices) to be low/high	121
물리다 to be bitten	195
물방울무늬 dot pattern	138
물에 빠지다 to fall in the water	185
물질 materials	210
미끄러지다 to slip	184
미래 future	22
미루다 to put off	152
미역 seaweed	39
미인 a beauty	114
미치다 to be crazy	155
미팅을 하다 to be on a group blind date	153
민박 home-stay house	237
믿음이 가다 to be reliable	73

믿음직스럽다 to be trustworthy	155
믿음직하다 to be trustworthy	153
밀가루 flour	37
밀리다 1 to be pushed	188
밀리다 2 to be piled up	254

ㅂ

바뀌다 to be changed	195
바람을 쐬다 to get some fresh air	124
바람을 피우다 to cheat	154
바보 fool	119
박수 applause	93
박히다 to be stuck	195
반대 opposite	71
반드시 surely	28
반면에 in contrast	160
반복되다 to be repeated	224
반복하다 to repeat	31
반죽하다 to knead	40
반지갑 French wallet	144
발견 discover	210
발견하다 to discover	120
발명하다 to invent	210
발전 가능성 potential	218
발전하다 to develop	220
밟히다 to be stepped on	195
방송국 broadcasting station	142
배가 남산만하다 one's tummy is as big as Namsan mountain	140
배가 침몰하다 (ship) to sink	185
배낭 backpack	138
배낭여행 backpacking trip	235
배우자 spouse	154
배추 Chinese cabbage	38
백일 baby's 100th day	169
버섯 mushroom	35
번지다 to spread	183
벌리다 to widen	89
변함없다 to be everlasting	250
변화 change	119
별도 extras	236
별일 아니다 to be not a big deal	56
병문안 a visit to a sick person	53
-보고 (to talk) to (someone)	72
보너스 bonus	218
보람을 느끼다 to find something worth doing	218
보살피다 to take care of	250
보수 1 pay	217
보수 2 renovation	233
보수가 좋다 to be highly paid	219
보험료 insurance fee	236
복습 review	25
복지 welfare	219
복학하다 to be reinstated at school	55
볶다 to stir-fry	35
볶음 fried	39
볼거리 places/things to look around	234
봉사 활동을 하다 to do volunteer works	21
부근 adjacent area	190
부담스럽다 to be a burden	168
부딪히다 to bump into	204
부럼을 깨다 to crack and eat the nuts (to guard oneself against boils for the year)	251
부럽다 to be envious	73
부모님 댁 parents' house	254
부부 husband and wife	99
부상을 당하다 to get injured	187
부상자 the injured	187
부인 wife	154
부자 a rich person	22
부족하다 to be insufficient	28
부주의 carelessness	186

부지런하다 to be diligent	21
부채 fan	258
부치다 to fry	38
분실 신고 report of the lost item	135
분실물 lost item	135
분실하다 to lose	137
분위기 atmosphere	219
불꽃놀이 fireworks	256
불성실하다 to be insincere	71
불안하다 to feel insecure	218
불이 나다 / 화재가 발생하다 (fire) to break out	185
붕어빵 fish-shaped bread filled with red bean	37
브레이크 brake	184
비닐 vinyl	139
비롯되다 to originate	210
비수기 low-demand season	233
비슷하다 to be similar	208
비우다 to empty	92
비키다 to move aside	92
비행기 표 flight ticket	53
비행기가 추락하다 (air plane) to crash into	185
빗길 wet road	184
빠지다 1 to be left out	82
빠지다 2 to fall out	137
빨개지다 to be flushed	60
뿌리다 to sprinkle	41

ㅅ

사건 incident	30
사고 accident	184
사교적이다 to be sociable	71
사귀다 to go out	154
사내 커플 couple within the company	153
사라지다 to disappear	88
사람들과 잘 어울리다 to get along with others easily	73
사랑스럽다 to be lovable	153
사랑에 빠지다 to fall in love	154
사랑을 고백하다 to declare love	154
사랑이 식다 to fall out of love	154
사망자 deceased victim	187
사망하다 to die	187
사소하다 to be trivial	208
사실 truth	53
사연 open letter	109
산머루 wild grape	242
산소 grave	249
삶다 to boil	38
상영 중 (movie) to be playing	98
상을 받다 to be awarded a prize	28
새로운 생활을 하다 to live a new life	121
새치기를 하다 to cut into the line	89
새해 the New Year	19
새해 복 많이 받으세요. Happy New Year	249
생기다 to form	111
생머리 straight hair	105
생명 life	184
생물학 biology	23
생선 fish	35
생선구이 grilled fish	35
생일 birthday	169
생활 daily life	172
생활비 living expenses	190
서로 each other	250
서류 가방 briefcase	135
서성이다 to hang around	136
서운하다 to feel disappointed	176
석식 dinner	236
섞다 to mix	35
섞이다 to be mixed	195
선을 보다 to be on a blind date arranged by a matchmaker	151
설 연휴 New Year's break	249

설날 Lunar New Year's Day	249
설득하다 to persuade	78
설마요. No kidding.	55
설문 survey	160
설탕 sugar	41
성격 personality	156
성격에 맞다 to suit one's nature	219
성격이 급하다 to be quick-tempered	73
성격이 좋다 to have a good personality	153
성공하다 to succeed	23
성년의 날 Coming-of-Age Day	169
성묘 visiting one's ancestor's grave	249
성묘하다 to pay a visit to one's ancestor's grave	251
성수기 high-demand season	233
성실하다 to be sincere	71
성의 없다 to be lacking in sincerity	168
성취감 sense of achievement	217
세금 tax	236
세다 to be strong	43
세련되다 to be sophisticated	107
세면도구 toiletries	140
세배 the New Year's greeting	249
세배하다 to greet on the New Year's Day	251
세뱃돈 New Year's gift of money given to one's juniors	249
세뱃돈을 받다 to receive a New Year's gift of money	251
세제 detergent	167
섹시하다 to be sexy	153
소개팅을 하다 to be on a blind date	153
소고기 beef	37
소극적이다 to be passive	71
소금 salt	41
소나무 pine tree	256
소매치기 pocket-picking	185
소방당국 The Fire department	190
소방차 fire truck	183
소식을 전하다 to deliver news	62
소식이 없다 to hear no news from someone	60
소용없다 to be useless	201
소원을 빌다 to make a wish	251
소중하다 to be precious	144
소지품 belongings	93
속도위반 premarital pregnancy (lit. exceeding the speed limit)	157
속력 speed	184
손가락 하나 까닥 안 하다 to not lift a finger to do (something)	77
손바닥만 하다 to be tiny as the palm of a hand	140
손잡이 handle	135
손질하다 to take care of	103
송편 rice cake	251
쇠 metal	139
수락산 Suraksan (mountain)	190
수상 소감 award speech	28
수준 level	20
수학여행 school trip	235
숙박비 lodging expenses	236
순경 police	192
술술 smoothly	167
숨지다 to die	184
스승의 날 Teacher's Day	169
스치다 to get past	192
스티커 sticker	144
스포츠머리 crew cut	105
슬럼프 slump	119
슬리퍼 slippers	204
습득하다 to find/pick up	137
승객 passenger	95
승진 promotion	219
승차하다 to board	95
시간에 쫓기다 to be pressed for time	76
시간을 내다 to make time	22
시간을 되돌리고 싶다 to with to turn back time	155

279

시간을 때우다 to kill time	236
시간을 보내다 to spend time	23
시금치 spinach	35
시기 period	256
시설 facility	234
시시하다 to be dull	124
식물원 botanical garden	236
식비 food expenses	236
식용유 cooking oil	45
식초 vinegar	41
신 God	250
신경을 쓰다 to pay attention	80
신경이 쓰이다 to get on one's nerves	88
신랑 bridegroom	154
신문기사 newspaper article	20
신입사원 new employee, rookie	71
신중하다 to be cautious	62
신청 서류 application documents	72
신호 traffic light	203
신혼여행 honeymoon	235
신혼집 a new home after getting married	167
실감나다 to make a person feel as if it were real	62
실례이다 to be a rudeness	91
실속이 있다 to be worth the money paid	235
실시하다 to execute	160
실종되다 to be missing	187
실종자 missing person	187
실패하다 to fail	23
실험 experiment	183
심각하다 to be serious	208
심지어 what is more	125
쌀 rice	37
쌓이다 to be piled up	188
써지다 to be written	188
썰다 to chop/slice	35
쏟다 to spill	203
쓰이다 to be written	188
씨름 Korean wrestling	258
씻기다 to be washed	195

ㅇ

아귀 anger-fish	43
아깝다 what a pity(loss)	201
아껴 쓰다 to save	23
아내 wife	154
아래층 the downstairs	183
아랫사람 one's junior	258
아무래도 all things considered	71
아무튼 anyway	19
아무하고나 with anyone	71
아스피린 aspirin	210
안기다 to be embraced	188
안전시설 safety facility	186
안정되다 to be stable	217
안정적이다 to be stable	219
알고 지내다 to be acquainted with	156
알뜰하다 to be saving	235
알차다 to be rich in contents	235
앞두다 to be close at hand	224
앞머리 bang	103
앞머리를 내리다 to get bangs	105
애완동물 출입 금지 No pets	89
애타다 to fret about	142
앨범 album	174
야유회 picnic	235
약혼자 fiance/fiancee	153
약혼하다 to be engaged	154
양고기 mutton	37
양념 spices/seasonings	35
양념장 dipping sauce	43
양념하다 to season	39
양떼 a flock of sheep	242

양력 solar calendar ·· 256
양파 onion ··· 35
어깨에 메는 가방 shoulder bag ································ 138
어디가 어딘지 잘 모르다
    to be unfamiliar with the area ····················· 121
어떡해. what should I do. ·· 135
어떻다 to be in some way ······································· 115
어리다 to be young ··· 107
어린이날 Children's Day ·· 169
어버이날 Parent's Day ·· 169
어색하다 to feel awkward ······································· 104
어쨌든 anyway ··· 53
어쩌다가 how come ··· 183
어쩐지. No wonder. ·· 55
어휘 vocabulary ·· 25
얹히다 to be piled up ·· 195
얻다 to obtain ··· 210
얼굴이 주먹만 하다 face as small as one's fist ········ 140
얼른 quickly ··· 205
엄청나다 to be immense (in degree or intensity) ······ 55
엄하다 to be strict ··· 99
엉망이다 to be a mess ·· 189
엔진 engine ··· 186
엠티(MT) Membership Training ···························· 235
여관 inn ··· 234
여유 시간 spare time ··· 76
여전히 (be) as (it) used to be ································· 119
여행 상품 travel package ·· 233
여행용 가방 suitcase ·· 138
연말연시 year-end holiday ····································· 238
연봉 annual salary ··· 224
연수 training ·· 192
연애하다 to date ··· 151
열 받다 to get angry ··· 90
열리다 to be opened ·· 188
열정적이다 to be passionate ·································· 125

열차 운행이 중단되다
    train operation is to be suspended ············· 187
염색하다 to dye ··· 103
엿 Korean toffee ··· 171
영원하다 to be eternal ·· 152
예습 preview ·· 25
예약하다 to make a reservation ······························· 53
예의 etiquette, coutesy ··· 87
예의 없이 행동하다 to behave impolitely ················ 89
예의가 바르다 to have good manners ···················· 90
예의가 없다 to be impolite ······································ 90
예의가 있다 to be polite ·· 90
예의에 어긋나다
    to go against the canons of good manners ········ 90
예전 before (a while ago) ·· 54
예절 manners ·· 87
오곡밥 five-grain rice ··· 251
오랫동안 for a long time ······································· 154
오이 cucumber ·· 38
오히려 rather ·· 119
온 entire ··· 87
와인 wine ·· 170
와인 공장 winery ··· 236
왁스 wax ··· 103
왁스/무스를 바르다 to apply wax/to spray ········ 106
완성되다 to be completed ·· 43
왕복 round trip ··· 240
외가 maternal grandparent's house ······················ 253
외국인등록증 foreigner registration card ··········· 135
외도 Oedo(island) ·· 242
외모 appearance ·· 156
외우다 to memorize ··· 25
요긴하다 to be essentially important ··················· 125
욕을 하다 to swear ·· 87
용서하다 to forgive ··· 80
우량 to be superior ··· 226

우선 first of all	256	의미 meaning	152
우아하다 to be elegant	107	의외로 surprisingly	75
운 luck	122	의지하다 to depend on	152
운동장만 하다 to be big as a sports field	140	이기적이다 to be selfish	73
운전면허를 따다 to obtain a driver's license	21	이렇다 to be like this	115
웃기고 있네. Don't be ridiculous.	55	이루다 to accomplish	19
원고 draft	28	이루어지다 to be accomplished	188
원래 originally	119	이름표 name tag	142
원수가 따로 없다 there is no other enemy	155	이맘때 around this time	233
원인 cause	184	이별하다 to break up	171
원장 hair dresser	104	이야기가 잘 통하다 to be able to talk to one another with ease	153
월급 monthly salary	218	이왕 since	233
월급날 payday	170	이혼하다 to get divorced	55
월급이 쥐꼬리만 하다 low salary like a rat's tail	140	익히다 to cook thoroughly	45
웨이브 curl	103	인근 neighboring area	192
웬만하다 to be tolerable	87	인기를 얻다 to gain popularity	78
윗사람 one's elders	87	인류 human kind	210
유람선 cruise ship	242	인명 피해 loss of lives	183
유리창이 깨지다 (window) to be broken	187	인사를 드리다 to pay a visit of courtesy	249
유실물센터 lost and found	135	인상이 좋다 to have good impression	153
유창하다 to be fluent	28	인연을 끊다 to break ties with (someone)	171
유행에 민감하다 to be sensitive to trend	123	일반인 civilian	192
육수 (beef/chicken) stock	41	(일정이) 여유롭다 to be flexible	235
윷놀이 a traditional game played with 4 sticks	249	일정이 잡히다 to make an itinerary	238
윷놀이를 하다 to play a traditional game with 4 sticks	251	일주 one round	235
은 silver	139	일출 sunrise	240
음력 lunar calendar	256	읽히다 to be read	195
음식물 반입 금지 Food is not allowed	89	잃어버리다 to lose	137
음식이 입에 맞지 않다 food does not suit one's taste	121	임산부 the pregnant woman	95
음주 운전 to drive when drunk	186	임실 *Imsil*(city)	242
-의 재산 피해를 입다 one's property is to be damaged	187	입구 entrance	234
의견 opinion	208	입사하다 to join a company	218
의대 medical school	23	입원하다 to be hospitalized	53
의도 intention	168	입장 position	208
		입학하다 to be admitted to a school	55

ㅈ

자격증을 따다 to obtain a license ······21
자기밖에 모르다 to think of only oneself ······73
자기주장이 강하다 to strongly assert oneself ······73
자기표현을 잘 안 하다
    to be passive on expressing oneself ······73
자랑스럽다 to be proud of ······218
자르다 to cut ······40
자리를 양보하다 to make room (for someone) ······92
자리를 차지하다 to occupy a seat ······92
자상하다 to be thoughtful ······153
자신감 confidence ······104
자연스럽다 to look natural ······103
자유 여행 independent travel ······235
작은 일에 신경 쓰지 않다
    to not be bothered by the little things ······73
잘 뭉치다 to be united together strongly ······123
잠기다 to be locked ······190
잡지에 실리다 to be on a magazine ······26
잡채 a dish made of noodles,
    vegetables and sliced beef/pork ······35
잡히다 to be caught ······183
장난감 toy ······171
장래성이 있다 to have the bright prospects ······219
장사 small business ······54
장식 decoration ······138
장애인 the handicapped ······95
장점 strength ······78
(장학금을) 타다 to receive (a scholarship) ······122
재료 ingredients ······35
재혼하다 to get remarried ······154
저금을 하다 to save (money) ······206
저렇다 to be like that ······115
저렴하다 to be inexpensive ······233
저울질을 하다 to weigh ······160
저장되다 to be saved ······136

적극적이다 to be proactive ······73
적당하다 to be reasonable ······222
적성 aptitude ······217
적성에 맞다 to have an aptitude for ······219
적절하다 to be appropriate ······168
전공을 살리다 to make the use of one's major ······219
전깃불 light ······204
전라남도 *Jeollanam-do*(province) ······242
전망 future prospect ······219
전미동 *Jeaonmidong*(district) ······190
젊다 to be young ······107
접다 to fold ······92
접수 registration ······72
접촉 사고 minor collision ······62
접히다 to be folded ······195
정 indeed ······233
정년퇴직 retirement ······218
정리하다 to organize ······120
정말요? Really? ······55
정상 top (of mountain) ······190
정성 sincerity ······168
정성껏 with sincerity ······168
정신을 차리다 to collect oneself together ······205
정월대보름 The full moon day of the first lunar month ······251
정으로 살다 to live by affection ······155
정이 많다 to be warm-hearted ······123
정하다 to decide ······53
제대하다 to be discharged from military service ······55
제때 in time ······74
제사 memorial service for one's ancestor ······252
제작하다 to produce ······174
제출하다 to submit ······31
젤라틴 gelatin ······210
조각 공원 sculpture park ······240
조리다 to boil down ······38
조리하다 to cook ······45

조림 boiled with seasoning 39
조사 중 in the middle of investigation 183
조사하다 to investigate 184
조상 ancester 249
조식 breakfast 236
조심하다 to be careful 205
조용하다 to be quite 73
졸업하다 to graduate 55
졸음운전 to doze off while driving 186
종교 religion 156
종이 paper 139
좌석 seat 93
주관이 뚜렷하다
　　to have a strong stance (or opinion on something) 76
주도적 leading 226
주머니 pocket 136
주어지다 to be given 196
주의를 시키다 to give warning 88
주의하다 to be cautious 205
주인 owner 120
주전자 kettle 186
주차 금지 No parking 89
죽고 못 살다 cannot live without 151
죽다 to die 187
죽음 death 167
줄무늬 stripe pattern 138
줍다 to pick up 122
중급 intermediate level 20
중매 matchmaking 151
중상을 입다 to be seriously wounded 187
중소기업 small and medium-sized businesses 226
중식 lunch 236
지각하다 to be late 202
지겹다 to be tired of 104
지다 to lose 80
지루하다 to be bored 76

지원하다 to apply 226
지장이 없다 to have no difficulty in doing 184
지저분하다 to be messy 107
지치다 to be exhausted 104
지퍼 zipper 138
직종 occupational category 226
진동 vibration 92
진술 statement 184
진짜요? Really? 55
질서를 잘 안 지키다 to disturb public order 90
질서를 잘 지키다 to keep public order 90
짐을 싸다 to pack 238
짐을 풀다 to unpack 238
집들이 house-warming party 167
집중하다 to concentrate 129
짝사랑하다 to have a crush 154
짝짝이 uneven 203
짧은 머리 short hair 105
쫓기다 to be chased after 188
찌다 to steam 35
찌푸리다 to frown 90
찍다 to pick/to choose 170
찜 steamed 39
찜질방 Korean public sauna 233
찢기다 to be torn 195
찢어지다 to be torn 188

ㅊ

차가 부서지다 (car) to be smashed 187
차다 to kick 93
차례를 지내다
　　to observe a memorial service for family ancestors ..251
차분하다 to be calm 107
차이 difference 256
차이점 differences 256
차지하다 to account for 160

참기름 sesame oil	35
참치 tuna	36
창조적이다 to be creative	219
창포물 iris water	258
책임 responsibility	152
챙기다 to take care of	152
천 fabric	139
천재 genius	122
철이 없다 to not act one's age	122
첨부하다 to attach	205
첫눈에 반하다 to fall in love at first sight	154
청혼하다 to propose	154
체크무늬 check pattern	138
체험 activity	242
체험하다 to experience	236
초대를 받다 to receive an invitation	249
초등학생 elementary school student	88
촌스럽다 to be out of style	107
촬영지 filming location	43
최선을 다하다 to do one's best	23
추석 Korean Harvest Moon Festival	249
추위를 타다 to be sensitive to cold	120
추천 recommendation	72
추천하다 to recommend	35
출석 attendance	204
출입 금지 Do not enter	89
충돌하다 to crash	184
충분히 fully	93
취직 준비를 하다 to prepare for a job	21
취향 taste	168
취향이 비슷하다 to have similar tastes	153
층을 내다 to layer	105
치다 to hit	93
친구를 사귀다 to make a friend	21
친척 relative	249
친척집에 가다 to visit relative's house	251
침을 뱉다 to spit	89

ㅋ

카네이션 carnation	169
칸 unit of space	135
캠퍼스 커플 couple within the university campus	153
커다랗다 to be big	115
커브 curve	184
커트 머리 cropped hair	105
케이블카 cable car	242
코딱지만 하다 to be as tiny as nose wax	140
콘도 condominium	237
콩 bean	37
콩나물 bean sprouts	38
쾌적하다 to be pleasant	237
큰 소리로 떠들다 to talk in a loud voice	89
큰맘 먹다 to make up one's mind	104
큰집 the house of one's eldest brother	249
키우다 to bring up	88

ㅌ

타다 to burn	45
털털하다 to be free and easy-going	72
테러가 발생하다 (the war one terror) to break out	185
토대 based on	184
통 hardly ever	60
통영 Tongyeong(city)	242
통통하다 to be chubby	111
퇴원하다 to be discharged from the hospital	55
튀기다 to fry	38
튀김 fried	39
튀다 to splash	203
튀어나오다 to rush out	201
트레킹 trekking	240
틈이 없다 to have no spare time	31
팁 tip	236

ㅍ

파 scallion ··· 38
파랗다 to be blue ································ 115
파마머리 permed hair ························ 105
파마하다 to get a perm ······················· 103
파이다 to be dug ································ 195
파일 file ·· 205
팔리다 to be sold ································ 188
팔짱을 끼다 to lock arms with ············ 91
팥 red bean ··· 37
팥죽 red bean porridge ······················ 251
패키지여행 packaged travel ················ 235
퍼지다 to spread ································ 109
펑펑 (울다) to cry one's eye out ········ 174
펜션 lodge ··· 237
펴다 to spread ···································· 45
펴지다 to get unfolded ······················· 188
편집하다 to edit ································· 174
평생 lifetime ······································· 158
포기하다 to give up ···························· 20
포크 fork ·· 170
포함되다 to be included ····················· 233
폭죽을 터트리다 to set off firecrackers ··· 256
표현하다 to express ···························· 80
푸짐하다 to be abundant ···················· 234
풀다 to stir ·· 39
풀리다 to be solved ···························· 167
풍습 custom ·· 256
프라이팬 frying pan ··························· 36
플라스틱 plastic ································· 139
피서를 가다 to go away for the summer ··· 235
핀을 꽂다 to put on a hair pin ············ 106

ㅎ

하룻밤 one night ································ 234
하얗다 to be white ····························· 103
하필이면 of all things (in the world) ··· 192
학벌 educational background ············· 156
한국어 실력을 늘리다
　　to improve Korean language skills ··· 21
한눈팔다 to take one's eyes off ·········· 205
한옥마을 Korean style house village ··· 234
함부로 recklessly ································ 62
함부로 하다 to act carelessly ·············· 89
항공료 air fare ···································· 236
해설 commentary ······························· 234
해열제 medicine for fever ·················· 210
해외여행 overseas travel ····················· 235
핸드백 bag ··· 138
햄 ham ·· 36
행사 event ·· 83
향수 perfume ····································· 169
허브 herb ··· 242
허전하다 to feel empty ······················ 136
헛디디다 to slide down ······················ 186
헤어지다 to break up ························ 154
현관문 front door ······························ 190
현장 place of incident ························ 192
호두 walnut ·· 252
호박 pumpkin/squash ························· 38
호텔 hotel ··· 237
혼자 alone ·· 71
화려하다 to be splendid ····················· 235
화분 flower pot ·································· 167
화재 fire ··· 183
확신이 있다 to be positively sure (about something) ··· 78
확실하다 to be certain (about something) ··· 60
확인해 보다 to confirm ······················ 217
환경 (working) environment ·············· 220
환기 ventilation ·································· 183
환상적이다 to be fantastic ·················· 235
활동적이다 to be active ······················ 217

활발하다 to be active ·········· 71
활약 active response ·········· 192
황당하다 to be nonsensical ·········· 62
회식 dining together ·········· 71
효과 effect ·········· 109
후배 one's junior in school ·········· 151
후손 descendant ·········· 250
후추 pepper ·········· 41
후회 regret ·········· 152
후회가 들다 to regret ·········· 208
후회스럽다 to be regretful ·········· 206
후회하다 to regret ·········· 201
훌륭하다 to be great ·········· 28
훔치다 to rob ·········· 192
휴가철 holiday season ·········· 234
휴대 전화 사용 금지 No cellphone ·········· 89
휴식을 취하다 to take a rest ·········· 124
휴학하다 to make a leave of absence ·········· 55
흘리다 to drop ·········· 137
흥이 많다 to be cheerful ·········· 123
희망 hope ·········· 80
히치하이크 hitchhike ·········· 238
힌트 hint ·········· 210

수

4대 the top four ·········· 258

집필위원 김정숙 (Kim, Chungsook)
고려대학교 문과대학 국어국문학과 교수
주요 저서: 재미있는 한국어 1, 2 (공저)
        외국인을 위한 한국어 문법(공저)

정명숙 (Jung, Myungsook)
부산외국어대학교 한국어문학부 교수
주요 저서: 재미있는 한국어 1, 2, 3, 6(공저)
        한국어 초급 쓰기(공저)

송금숙 (Song, Keumsook)
고려대학교 한국어문화교육센터 전임강사
주요 저서: 관심·사랑·화합으로, 하나가 된 우리(공저)

이유경 (Lee, Yookyoung)
고려대학교 한국어문화교육센터 전임강사
주요 저서: 재미있는 한국어 3, 워크북 2(공저)
        외국인의 한국어 연구(공저)

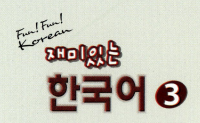

발행일	2010. 02. 12 초판 1쇄
	2020. 06. 12 초판 14쇄
지은이	고려대학교 한국어문화교육센터
발행인	박영규
발행처	(주)교보문고
총 괄	한상훈
신고번호	제 406-2008-000090호
주 소	경기도 파주시 교하읍 문발리 501-1
전 화	대표전화 1544-1900
	도서주문 02-3156-3681
	팩스주문 0502-987-5725
ISBN	978-89-93995-50-3 14710
	978-89-93995-98-5 14710(set)

• 이 책은 ㈜교보문고가 고려대학교 국제어학원 한국어문화교육센터와의 출판 및 판매 독점계약에 의해 발행한 것이므로 내용, 사진, 그림의 전부나 일부의 무단복제 및 무단전사를 일절 금합니다.
• 잘못 만들어진 책은 구입하신 곳에서 바꾸어 드립니다.